团结力量
团队精神

吴浩 编著

中华工商联合出版社

图书在版编目（CIP）数据

团结力量　团队精神 / 吴浩编著. -- 北京：中华工商联合出版社，2023.11

ISBN 978-7-5158-3796-3

Ⅰ.①团… Ⅱ.①吴… Ⅲ.①企业管理－组织管理学 Ⅳ.①F272.9

中国版本图书馆CIP数据核字(2023)第197616号

团结力量　团队精神

作　　者：	吴　浩
出 品 人：	刘　刚
责任编辑：	吴建新　关山美
封面设计：	北京任燕飞图文设计工作室
责任审读：	付德华
责任印制：	陈德松
出版发行：	中华工商联合出版社有限责任公司
印　　制：	三河市宏盛印务有限公司
版　　次：	2024年1月第1版
印　　次：	2024年1月第1次印刷
开　　本：	710mm×1020mm　1/16
字　　数：	200千字
印　　张：	13.25
书　　号：	ISBN 978-7-5158-3796-3
定　　价：	48.00元

服务热线：010－58301130-0（前台）
销售热线：010－58301132（发行部）
　　　　　010－58302977（网络部）
　　　　　010－58302837（馆配部）
　　　　　010－58302813（团购部）
地址邮编：北京市西城区西环广场A座
　　　　　19—20层，100044
http://www.chgslcbs.cn
投稿热线：010－58302907（总编室）
投稿邮箱：1621239583@qq.com

**工商联版图书
版权所有　侵权必究**

凡本社图书出现印装质量问题，请与印务部联系
联系电话：010-58302915

前　言
PREFACE

　　不管一个人多么有才能，团队都常常比个人更聪明、更有力。我们每天都在团队中工作、进步，团队就像星空陪伴我们度过职业生涯，记录着我们的苦与乐。

　　对于一个在职场中行走的人来说，成功不只需要自己的努力，更需要团队的指导和帮助。假如你是一个职场达人，你就会知道孤军奋战什么都做不了，只有在团队中大家团结起来，才能让自己创造出价值。

　　团队合作是时代的主题，我们想发展就一定要融入团队，否则只能被这个时代淘汰。个人能力决定了你的潜能，而团队的合作决定了你的发展。当我们处于团队中时，我们就有了成功的资本；当我们脱离了团队时，我们就等于放弃了大好的职场前途。

　　本书从团结力量、团队精神出发，让读者能够从中了解到团队的重要性，懂得如何去融入团队，如何做到协同合作。要知道，一个优秀的员工只有具备良好的团队意识、积极的沟通能力、强烈的责任心以及乐于奉献的精神，才能更好地实现自我价值，才能为企业创造出巨大的效益。

生命如长风，我们都希望留下自己的美丽神话，我们都渴望一个人去创造、改变这个世界，然而失去集体的力量，我们就会失去成功的机会。因此，我们要学会团结，学会合作，学会在团队中生活、成长、进步。

目　录
CONTENTS

第一章　缺乏团队合作精神的危害 001

别做团队中的害群之马 003

张扬自己，危害团队 007

一己贪欲，难成大器 012

离开团队难成事 017

一百个人的 1% 胜过一个人的 100% 020

第二章　培养团队精神 025

没有完美的个人，只有完美的团队 027

学会团队合作 031

真诚让团队合作更顺利 035

培养团队合作精神 038

团队精神的重要性 041

帮助同事，激发他的斗志 044

团队合作成就个人 047

改变自己，与团队共进步 051

第三章 学会与团队一起成长 055

快速成为团队的一员 057

学会和同事相处 062

积极工作，赢得团队信赖 066

主动参加团队的活动 071

在团队中表现出自信 074

善于发现团队的文化 079

在团队中幽默一点 082

第四章 团结一心，增强团队凝聚力 089

团结协作的价值 091

团结共进需要彼此的分享 096

学会赞美你的同事 100

用正能量点燃身边的人 103

帮助同事，就是帮助自己 107

信任是团队发展的基础 110

凝聚力让团队更辉煌 113

第五章 对工作尽责，提升团队精神 117

认真做事，用心做人 119

做个有责任心的员工 122

不要逃避责任 126

对工作负责，从小事做起 129

责任感是做好一切事情的根基 135

第六章 团队合作需要积极沟通 139

沟通是顺利工作的基础 141

平等交流，沟通更畅通 144

学会说话，让沟通畅通无阻 148

走出沟通的阴霾 151

倾听是沟通的良药 156

学会反馈，让沟通更简单 160

第七章 乐于为团队奉献 165

把团队当成自己的家 167
多一点奉献,多一份回报 171
培养奉献精神 175
懂得奉献,甘于奉献 178
在奉献中成长 181

第八章 团队至上,顾全大局 185

把团队利益放在第一位 187
要有顾全大局的视野 190
节约的成本都是利润 193
自觉维护企业的荣誉 196
要有全局观 199

第一章
缺乏团队合作精神的危害

团结就是力量,这是大家经常挂在嘴边的一句话。很多事情,只有依靠团队的力量才能完成,才能做好,所以我们必须抛弃个人主义的不良习惯,培养团队意识,努力融入团队,成为其中的一员。

✺ 别做团队中的害群之马

很多人都听过"害群之马"这个词,它出自《庄子·徐无鬼》,常用来比喻那些危害社会的人。这个词的出现与一段传说有关。传说黄帝到具茨山去拜见大隗,正巧遇上一位牧马的少年,便向牧马少年问路,说:"你知道具茨山吗?"少年回答:"知道。"黄帝又问:"你知道大隗居住在什么地方吗?"少年回答:"知道。"黄帝听了大赞道:"这位少年,你真是了不起啊!不仅知道具茨山,还知道大隗居住的地方。请问我该如何治理天下?"少年说道:"这与牧马不一样吗?只需去掉其中不好的马就行了。"黄帝听了叩头至地行大礼,口称牧童"天师"而退去。

人是社会动物,需要融入团队中。如今身处各种社交关系中的你,在团队中扮演着怎样的角色呢?你是为团队带来希望和胜利的人,还是团队中的害群之马呢?

每一个新入职的员工,都希望可以碰到一个既实施人性化管理,又可以随时随地教会新人职业技能的上司。新人在这样的上司身边学习、实践、成长，进步是非常快的。但是一些人不太理解团队的重要性，他们整天惹是生非，钩心斗角，严重威胁着团队的整体利益，弄得人心惶惶，极大地影响了工作的正常进行。

在同事心中，朱明既聪明又能干，虽然他只是一个临时工，但他的工作效率和业务能力堪比工作多年的正式员工。在妻子眼中，他性格温和，虽然收入不高，但绝对是个好丈夫。谁都不曾预料，公认的好男人，竟然贪污公款320多万元，直接导致单位出现亏损。

2006年5月，学会计专业的朱明大学毕业后应聘到某市一家大型集团公司做财务工作。工作中，朱明非常勤快，因表现突出，深得领导器重，还被评为先进工作者。

对于财务部门的相关业务工作，朱明非常熟悉。有时财务报账窗口忙不过来，领导便会安排朱明前去帮忙。在帮忙的过程中，朱明发现了一个漏洞。他发现，报销人报销所用的票据大都是复印件，可以利用这些复印件把名字改掉，变成新的票据进行报销。发现这一具有危害性的漏洞后，朱明非但没有向领导报告，反而将其视为自己发财的捷径。

朱明第一次贪污，是在2008年11月。那次，朱明先在窗口所收的材料中，选择涉及金额非常大的收据，然后在医保数据库中选定一个人。接着，朱明将真实的凭证进行复印，并在需要修改的身份信息栏中粘贴需要修改的内容，粘贴好了再复印一次。这样，得到的复印件就可以用来做虚假报销的凭证。

几天后，朱明事先准备好的银行卡收到2万元的报销款。这笔不义之财，让朱明感到非常高兴。要知道，这2万元比他半年的工资还要多。

从此之后，朱明变得越来越贪婪了，他不断采取多种方式继续敛财。不仅仅是变造报销单，朱明还利用公费医疗住院病人的发票在窗口重复报销。

就这样，朱明前后多次变造公司报销凭证，骗取报销款达320多万元。后来，公司的业务量下降，主管领导进行查账，这才发现了朱明的问题。通过进一步调查，终于揭开了朱明的套钱手段，才将这匹害群之马绳之以法。

常言道："害群之马不可取，与人相处善为先。"有些人从不把公司的整体利益、同事间的约定放在心上，总是一切以自己为重。这些人就是公司的毒瘤——害群之马。他们不知道，人们对害群之马的忍耐是有限度的，绝对不会容忍他们做出任何损害团队的事情。

毫无疑问，故事中的朱明就是这么一匹害群之马，他利用非法手段贪污公款的行为，不仅给公司带来了巨大的损失，还辜负了一直信赖他的领导和同事。如果没有及时将他绳之以法，将其从团队中驱逐出去，那不知以后还会酿下多么严重的后果。

很显然，朱明的这种行为凸显了其团队意识的匮乏，如果他足够明白在竞争激励的社会中团队协作的重要性，那他或许就不会做出那些危害团队利益、影响团队协作的事情了。

其实，在我们的身边，也有一些人和朱明一样没有认清楚一点，那就是我们和同事在一起的时间是最长的，甚至比和家人在一起的时间都长。这种情况下，我们的成就大小、快乐多少实际上都和我们的同事密切相关。换句话说，同事间早已形成一种存亡与共的亲密关系，任何一个人都可能影响到我们，我们也可能影响到任何一个人。所以，当一个人成为团队中的害群之马时，那他势必会影响团队中的每一个人，给团队带来诸多麻烦和损失。

在一个团队中，可能有很多优秀的人，也可能有一些害群之马。而害群之马时常拖他人的后腿，让人心烦意乱，他们的破坏性行为，比如抱怨、懒惰和不称职，还具有传染性，会像一粒老鼠屎一样坏掉一整锅汤。

此外，那些为了换取好处而引进一些害群之马，或是对表现粗鲁、不称职的员工放任自流的领导者，实际上正在为企业走向失败铺路。所以，企业领导在招聘时，一定要把害群之马剔除出去。如果说这些人侥幸通过了筛选，老板就必须想方设法改变他们或者让他们离开，千万不能让害群之马害了整个团队。

而作为员工，我们就得努力培养自己的团队意识，坚决拒做团队中的害群之马。只有这样，我们才能最大限度地维护团队的利益，维护公司的利益，同时也能让自己的职场之路越走越顺畅，越走越开阔，并最终登上成功的高峰。

我们要珍惜和同事在一起共事的缘分，坦诚做人，真诚做事，不相互拆台，不搬弄是非，不当害群之马。这不仅是做人的原则，更是处事的底线。只有提高自己的团队意识，处处为团队考虑，我们才能拥有最后的成功。

张扬自己，危害团队

众所周知，才华可以帮助一个人成就一番辉煌的事业，但是，假如我们不能很好地利用才华，那么它也许就会变成职业生涯中的累赘，严重时还可能会危害团队的整体利益，并最终毁掉我们的事业。职场中有很多聪明能干的人，一朝得意，却最终失败，致命原因通常是恃才傲物，性格过于张扬霸道，亲和力太差，所以成功对他们来说是不可企及的。

木秀于林，风必摧之；堆出于岸，流必湍之。这句话的潜台词是，一个人如果太过于张扬自己，那肯定会让身边的人心生嫉妒和怨恨，从而做出对其不利的事情来。所以，我们行走于职场，哪怕自身再有才华，再有能力，也一定要学会放低身段，谦虚做人，绝不能做那种不要命且讨人厌的"出头鸟"，否则其他人就会纷纷架起"猎枪"，朝我们发出致命的一击。

在实际工作中，我们常常会碰到这样的人，他们自身的能力一般，平时总是无法出色地完成自己手头上的工作，可一旦出了差错，却从来不从自己身上找原因，动辄就发脾气。他们一会儿埋怨领导平庸，一会儿指责环境太差，一会儿又将自己的工作失误归咎于"无能"的同事没有给予自己应有的配合。

总之，在他们的眼里，自己永远没有错，有错的永远是别人，所以他们总是不打击完所有人就绝不罢休。可他们没有想到的是，这种过于张扬自己的做法，并不会给他们带来多少益处，也不能帮他们免去自己理应承担的责任。到最后，公司领导会认为他们不过是一个绣花枕头，既没有多少真才实学，又缺乏良好的团队意识；同事们觉得他们到处"乱咬人"，无异于害群之马。就这样，大家都像躲避瘟疫似的躲着他们，试问，在这种情况下，他们的发展空间还有多大？发展机会还有多少？

其实，如果我们想在团队中证明自己的能力，根本就不需要过多地张扬自己，踏踏实实地把工作做好就行了。每一个员工都需要清楚自己的实力，知道自己的特长，找准自己的定位，千万不要自以为是，不要觉得自己是全能的。不管在什么部门工作，我们都必须放低姿态，融入团队中去，要学会从底层做起，从普通工作做起，从小事做起，努力提高和突破自己。唯有低调做人，谦虚处事，不断打造自己的亲和力，我们才能更好地为团队成员所接受，一起齐心协力，维护整个团队的利益。

小新是一名个性张扬、恃才傲物的小伙子，大学毕业后，他顺利地进入一家外企的市场部工作。然而，刚开始工作没多久，小新就接二连三地和部门同事闹起了矛盾。

有一次，市场部的老员工王姐有急事要回家一趟，可她手头上还有一点简单的工作没有处理完，刚好其他的同事都在忙，只有小新是刚来的，领导还没开始给他安排工作。于是，王姐来到小新的办公桌前，说道："小新，我家里孩子病了，我现在必须赶回去，你能帮我把这份名单录入电脑里去吗？很简单的，你只要花半小时就能搞定！"

小新听了，眉头一皱，连忙摆手道："这是你自己的工作，你还是把它做完再回家吧！我可是名校毕业的高才生，这点小事对我没有一点挑战性，我可不干！"这几句话把王姐气得脸色发白，她一言不发地转身离开了。

从此，王姐就觉得小新没有团队合作意识，每次部门搞活动，她都不愿意和小新分在一组。

而其他的同事呢，基本也都跟小新闹过不愉快，有的人觉得小新说话尖酸刻薄，有的人觉得小新总是抬高自己，贬低别人，还有的人觉得小新为人自私又清高，一点亲和力都没有。久而久之，大家都对小新唯恐避之不及，几乎没有一个人愿意和他共事。公司领导得知此事后，为了维护整个团队的和谐，只得将小新调离了原岗位。

通过这个故事我们可以得出这样一个结论，那就是无论是职场新人，还是资深人士，平时在工作中最好还是低调些，万万不可过于张扬自己，目中无人。

某公司近期安排多场面试，招聘相关岗位所需人员。小林负责接待和安排应聘人员的面试工作。几场面试下来，小林见的人多了，形形色色，也看出了一点门道。一个人的素质、气质、内涵，有时从应聘人员的几个小动作和对待面试的态度就能够看得出来。

最近，有一位应聘者的表现却让小林大跌眼镜。这个人是某知名高校毕业生，简历上写的是文学学士学位，本科学历。按理说，1996年出生的人，踏入社会也有好几年时间了，心态应该相对比较沉稳和成熟，但是这位应聘者的表现却和小林想象的差别很大。

面试的时间安排在9点，可是他却在10点的时候才来，来了之后落座填完应聘表格，看到前面还有四五位等候面试的，便不耐烦地说："为什么有这么多人？"说实在的，在这样的场合下，小林还是头一回听到有人这么说话。一般公司面试都会相对集中地安排在一起，所以难免有人要等待一段时间。即使有一些抱怨，也可以放在心里，当众说出来，可是一种不礼貌的行为。

在见过面试官后，所有的应聘人员都需要答一份试卷。试卷其实很简单，就是说说自己的个人职业规划，谈谈对本行业的看法，还有一些关于专业知识的问题，作答起来并不难。就是这么简单的一份试卷，小林看到的却是个性十足的答案，答卷上写满了不知何意的阿拉伯数字，还有几个大字："那些花儿，飞翔。"

面试官看完答卷后，就把它交给小林说："当环保纸吧。"接着把那个人的简历也交给小林，"也做环保纸吧。"

不难发现，在面试过程中，正是因为该应聘者这种恃才傲物、满不在乎的态度，才让他失去了工作机会。没错，我们在职场中确实需要创新和突破，然而，所谓的创新和突破，并不是这种表面上看起来个性十足但实则毫无意义的答卷。要知道，企业需要的是你对工作的积极认识，需要的是你个人价值的展现，需要的是你的团队意识。而该应聘者如此张扬自我，目中无人，不懂礼貌，显然是在进行自我贬低，也是对应聘公司的极大不尊重。假如你认为这家公司规模小，那么你可以去找大公司，可以继续利用有效的时间去寻求其他的工作机会。而这种无意义的行为，不仅浪费了双方的时间，还无形地增加了公司招聘过程中的成本。

当然，年轻确实可以轻狂，也可以张扬，更能发挥自己的想法。我们可以表现出自己与众不同的一面，毕竟这也是用人单位所需要的。但是如果太过张扬自己不加收敛，那么只能说明他的工作态度偏离了正确的方向，如此一来，他只会成为团队的害群之马，危害整个团队的利益。

所以，在我们踏入职场之后，一定要保持谦逊的态度，积极主动地融入团队之中。要知道，我们所去过的每一家公司，所接触的每一个人，都有可能成为我们的老师。如果看不上目前的工作，如果觉得前去面试的公司太小，容不下自己，那就默默地走开吧。千万不要像上文所说的那位应聘者一样，去刻意地表现自己的不羁，因为那只能说明我们的心气太高，或者心态不够好，这样无形中只会让我们被动地一而再，再而三地被社会所抛弃。

总之，过分张扬，会引起他人的不满，会让人觉得我们是个非常喜欢炫耀的人。这样一来，也就在无形中让别人有压力，从而给我们今后的工作开展带来诸多障碍。我们的工作做不好，其他的团队成员也会因此受到影响，那最后结果势必会危害到整个团队。所以，我们在工作中坚决不能过于张扬自己，多一份低调和谦虚，多一份亲善和随和，自然也就多一点成功的希望。

现实生活中，有很多人个性张扬，率性而为，不懂得低调谦和，结果往往是处处碰壁，而涉世渐深后，他们才知道了轻重，分清了主次，学会了收敛。其实，藏锋是一种自我保护，藏而不露是一种魅力，太张扬的人容易招人嫉妒，甚至会在不知不觉中，引来不必要的麻烦。所以，我们必须学会低调做人，谦虚处事。

一己贪欲，难成大器

合理的欲望会成为一个人前进的驱动力，可欲望过强也会毁了一个人。如果一个人没有欲望，是无法走向成功的。一旦停止"欲"，人将会原地踏步，梦想的步伐也随之停止。有句话说得非常好，不想，不要，不是没有欲望，而是有"不"的欲望；所谓"清心寡欲""无欲无求"，就是这种"不"的欲望。所以，欲望是与生俱来的。

然而，物极必反，如果我们在工作中过分去追求某种东西，就会让人无法抵挡住各种诱惑，慢慢地就成了"只为一己私欲"，即贪欲。这种一己私欲，非但不能对团队起到促进作用，还可能成为团队进步的最大阻力。所以，我们若不想为欲所困，为欲所害，就要控制不合理的欲望，让身心达到和谐。如果我们能够克制住私欲，就能刚锋永在，清节长存。相反，欲望过度，就会心生贪念，损害团队的利益。总之，一个人一旦和"贪"字挂钩，就会导致纵欲成灾。这个时候，我们最需要的就是保持平和的对事物的看法。

一个人的手上有太多的东西，最后之所以一样也抓不住，完全是因为外物是无限的，而我们的心力是有限的。试问，有限的心力又如何能抓去无限的外物呢？所以说，好东西是要不完的，我们千万不能让它们断送了自己的大好前程。

贪欲是非常可怕的，一个人有了贪欲之后，就会成为金钱的奴隶，而且会变得越来越贪婪。此外，人的欲念是没有止境的，如果一个人得到很多的时候，那他就会希望得到更多。一个在工作中贪求厚利、永不知足的人会脱离团队，毁了自己。这种人就是团队的害群之马，他们不明白，贪欲其实是罪恶之源，贪欲能让人忘却一切，甚至是自己的人格；贪欲令人丧失理智，做出愚昧不堪的行为。当一个人被贪欲所左右时，他就会丧失自己的信仰和原则，从而做出背叛其所在团队的事情来。然而，这种贪欲并不会让他们过得更好，他们最后只会落得一个人人鄙视的悲惨下场。

很多人有所不知的是，贪欲会让我们完全忘记了自己的使命和职责，做出的事情极为不光彩，一旦"东窗事发"，我们损失的不仅是既得的利益，还有声誉和前程。

因此，我们应当采取的态度是：远离贪欲，甘于奉献。贪欲主要来自我们人性中最为邪恶的一面，这是由外界的物质条件触发而生的。通常来说，一个有贪欲的员工会为了争权夺利而不顾大局，老板的权威、同事的友谊和良好的团队氛围等，都会因为他的私利而受到损害。

贪欲心理的出现主要是因为一个人具有错误的价值观。对于有贪欲的员工来说，他们会觉得社会是为自己而存在的，天下之物都是自己的。这种人存在极端的个人主义思想，他们的欲望是不会满足的。他们会得陇望蜀，有了票子，想房子，有了房子，想位子，从来不知满足。

那些有贪欲的员工，在第一次伸出黑手时，会有很大的惧怕心理，一怕引起公愤，二怕被人发现。一旦得手，他们会很快就忘了惩罚，尝到甜头后，胆子就越来越大。任何的一次侥幸过关对他们而言，都是一种条件刺激，如此一来，就会不断强化他们的贪婪心理。

另外，攀比心理也会触发员工的贪欲，很多人本来是遵规守纪的人，然而，当他们看到原来与自己的境况差不多的同事，甚至还有那些本来与自己的能力相差甚远的同事都取得成功时，他们的心理就开始不平衡了，觉得自己活得太冤枉，而没有看到别人的努力奋斗。

还有一些人，他们家境贫寒，或者生活中有一段坎坷的经历，这就会让他们感觉自己没有得到公平的待遇。假如有一天，他们的地位和身份上升，那他们就很有可能会利用手中的权力贪污不义之财，以补偿自己以往的损失。

姜明中专毕业后，他的父亲给他找了一份满意的工作。他在农经站当会计，后来，他父亲又将在外地上班的儿媳妇调到本地的一所学校当教师。

这一下，小两口满意了，姜明的父亲也很高兴，因为在他看来，儿子儿媳在各自的单位都非常优秀，这就很为自己长脸了。不仅如此，家里的日子幸福和谐，自己和老伴在邻居面前说话都是昂首挺胸的，村里人都很羡慕。

几年之后，姜明被提升为农经站站长，买了自己的车，出入村里显得很傲气，以前礼貌谦和的言谈也少了。工作顺了，生活美满了，他的欲望却越来越大了。姜明开始看自己的妻子不顺眼，没过多久，他和贤惠的妻子离婚了。刚办完离婚手续，他马上就和一个在酒店打工的姑娘结婚了。后来，他在铁矿投资入股，并且开始投资饭店，钱包也鼓起来了。慢慢地，他出入高级酒店，叼着高级香烟。

九月的一天，在某县的一个酒店，姜明喝醉了酒，对着酒店服务人员撒泼，此举惹怒了酒店老板，警察把姜明带走后引起一连串问题。有关部门对他进行调查，结果查出他贪污挪用公款100多万元。在确凿的证据面前，姜明无话可说，最后锒铛入狱。

常言道，欲壑难填，一个人有了稳定的生活后，又去追求安逸的生活，等到有了安逸的生活，又去追求奢侈的物质享受。然而，太贪婪了就会失去理智，"贪如火，不遏则自焚；欲如火，不遏则自溺"。就像故事中的姜明，他本来可以踏实工作，前途一片光明，可是由于贪欲太强，没有法纪意识，缺乏正确的人生观和价值观，最后只能一步步堕入痛苦的深渊。可以毫不夸张地说，一己贪欲使他放纵无度，背离人生正确方向，最后害得他自毁前程。

贪欲太过了，通常会让人丧失人格，背弃正义。在一些单位里，个别员工就是贪欲的牺牲品。我们经常可以看到由于狂妄自大而导致的悲剧——人们在一种不切实际的抱负的刺激下，固有的敏感性变得麻木迟钝，野心勃勃地想要一夜暴富或成为显赫人物，因此他们不惜丧失自我的尊严，为了所谓的成功而不择手段。

那种想要超越别人、野心勃勃的心态，会慢慢变成一种危险因素，并使一个人固有的优秀品质和个性受到巨大的损失，甚至损害团队。假如任其发展，那么必然会给一个集体带来巨大的损害。当一个人慢慢地有了贪欲，他就会难辨是非，没有办法保持正常的理智。利欲熏心会蒙蔽一个人的双目，使得他不择手段地为所欲为。希特勒和墨索里尼便是这方面的典型例子，肆无忌惮的野心最终使得他们走向了毁灭。

所以，我们一定要明白一个道理，在实际的工作中，如果我们总是纵容一己私欲，那到头来很有可能什么都得不到。对于那些刚刚走向职场的人，这些道理尤其重要。如果在涉世之初就想紧紧抓住身边的每一样东西，必然会得不偿失。"初生牛犊不怕虎"的热情固然可贵，然而当欲望过分膨胀，就会冲昏头脑，没有办法去控制自己，最终会因此沦为团队的害群之马，难成大器。

人类其实是很聪明的，但是在面对利益诱惑时又往往是不理性的。人有时太贪婪，所以毁了大好前程；有时明知是圈套，却因为抵御不住诱惑而落入陷阱。可以说，很多时候，他们不是败给自己的无知，而是败给自己的贪欲。

离开团队难成事

《西游记》里的师徒四人，以及那匹无怨无悔的白龙马，他们代表着四种类型的员工：能力型、忠诚型、厮混型和理想型。

这四类员工实际上都有着自己的优缺点：孙悟空，他是“能力型”员工。他的能力很强，但他是个心性不定、争强好胜的人，所以很难约束。虽然个人能力很强，但是他有偏执自大、冲动狂暴的性格。尤其是在西天取经的过程中，孙悟空最缺少的就是与别人合作的精神。

白龙马和沙和尚则不同，他们都是“忠诚型”员工。白龙马做事总是无怨无悔，而沙和尚则是一个憨厚老实的人。他们虽然本事不太大，但是他们对取经这件事情从来没有二心。

再来说猪八戒，他属于“厮混型”员工。虽然说大错没有，但是他的小错很多。实际上，他并不在乎西天的真经，只要自己在取经的路上有吃有喝就行了。

最后是唐僧，他是“理想型”员工，他的目标非常坚定。也正是由于唐僧坚定的信心，这看似一盘散沙的小组，变成了一个平衡了各自性格缺陷的、互补性强的坚固团队。

这个比喻告诉我们，目标的达成需要团队协作，团队协作有多强，取得的成就也就有多大。脱离了团队，就算唐僧再有本事，也只是一个"知名的和尚"；脱离了团队，孙悟空再有能力，也不过是一只"强悍的猴子"。现如今，英雄的时代慢慢地远去了，团结协作的时代慢慢来临了。

毫无疑问，团队合作就是成功的保证，也是一个人成功的前提。就算是一个天才，假如说他的团队合作意识很差，那么他也不会受到公司的欢迎。

在一个公园里，我们可以看到这样一群大雁，它们并不进行迁徙，而是从候鸟慢慢地变成了留鸟。最开始，留鸟只有两三只大雁，可是到了后来，慢慢地增加到数百只，越来越多。它们不希望再往南飞了，因为他们发现人们来到海滨游玩的时候，会给他们一些饼干、薯片、杂食。这样一来，就算是在严酷的冬天，它们也可以一边躲在建筑物里避寒，一边等待着人类的喂养。它们似乎再也不用担心过冬的食物了，这些聪明的鸟儿，早已学会了如何讨好人类，围绕在人的周围，呀呀地叫着谄媚乞食。

杰克也许是最后一只南飞的大雁了，他对儿子罗纳说："我们不要忘了南方的故乡，在那里有我们的家园。"

"可是，南方太遥远了！"儿子不愿意迁徙。

杰克非常严肃，他告诉儿子："南方的确非常遥远，然而，这样可以锻炼我们的飞翔能力。"杰克不怕任何困难，他决心要南飞。

杰克需要去面对一个非常现实的问题：那就是大雁的南飞实际

上是一个团队合作的过程。如果他希望飞向南方，那就一定要找到伙伴。在杰克的迁徙生涯中，有着这样的经历：在秋天来临的时候，整个雁群会积极做好南飞的准备。它们通常会排成"人"字或"一"字飞行，在这样一个飞行团队中，任何一只雁扇动翅膀都可以给紧跟其后的同伴鼓舞起一股向上的力量。这样一来，雁群中的任何一个成员都会比一只单飞的大雁增加超过70%的飞行效率。只有这样，它们才可以顺利地到达目的地，完成长途迁徙。

然而，杰克经过诸多努力，最终还是没有找到愿意和它一起重返南方的同伴。由于贪图海滨公园的不劳而获，很多大雁都不愿意和杰克飞回南方。更何况，许多大雁都得了富贵病，体态臃肿，已基本上没有长途飞行的能力了。为了一点短期的利益，大雁们忘了它们过去的目标，共同努力的团队已经没有了，变成了令人百感交集的回忆。失望的杰克和他的儿子一起上路了，这注定是一场悲情之旅。

团队是个人幸福的源泉，如果一个人不在团队中了，那么他必然会成为无源之水、无根之木。对于一个团队来说，如果失去了奋斗进取的精神，那么它所面临的一定是退步。

在生活中有很多这样的例子。很多石头堆积起来，就能够成为一座巨大的高山；很多砖头垒筑起来，就是万里长城。蚂蚁虽小，但许多蚂蚁在一起的时候，它们可以举起大象；一个人的力量虽小，但很多人的力量汇合在一起，就可以拥有排山倒海的威力！

一根指头只能戳一戳别人，五根指头联合在一起，就能攥成一个充满力量的拳头，这就是团结协作的力量。所以，在平时的工作中，我们一定要注重培养自己的团队意识，个人的能力再强，只要脱离了团队，我们也无法取得成功。

一百个人的 1% 胜过一个人的 100%

所谓的个人主义，其实是一种道德的、政治的和社会的哲学，认为个人利益应是决定行为的最主要因素，强调个人的自由和个人的重要性。而当这种个人主义落到团队的范畴中时，它很容易演变成一种忽略集体、缺乏团队精神的行事风格。

毫无疑问，团队中的个人主义是一种非常危险的信号，因为它可能直接威胁到团队内部的成员和团队的整体力量。有句格言说，如果你想走得快，那你就一个人走；如果你想走得远，请和大家一起走。然而无论是在生活还是工作中，走得最快的人不一定是胜利者，而走得最远的，才能笑到最后。

在《西游记》中，为了完成取经任务而组成的取经团队是团队力量的最好例证。如果没有团队的力量，那么仅凭四人中的任何一个人都不可能完成这一艰巨任务。这是因为，一个人的力量是有限的，如果不懂得利用团队的力量，那么势必会变得势单力薄。

一位著名企业家曾经讲过这样一个故事。

有一次，他在楼下公园散步，碰见了一件很有意思的事儿。公园的湖边有一处专门为市民提供休息的地方，就在那天，他碰到了一群下象棋的老人。在他左手旁的那位大爷大概60多岁的样子，戴着一副宽厚的眼镜，执红棋。而在他的右手边坐着另一位老爷子，执黑棋。两人正专心致志地盯着桌子上的棋盘。

这位企业家发现，左手边的那位棋手身后一个人都没有，而右手边的那位棋手身后则站着三位老人。企业家走近一看才知道他们是在走"合棋"，也就是右边四个人同时跟一个人对弈，但走的是同一局棋。像这种一个人跟多人对弈的场面企业家之前倒是见过，但一般来说都是分开走，也就是说，摆多副棋，彼此之间互不干涉。像这种"合棋"他以前还真没见过。

细一打听，企业家才知道，原来左边这位老先生之前已经跟右边这四位——交过手，从来都是只胜不败，这四位技术稍差的老人于是就提议他们四个人一起走，以四敌一。

企业家发现双方盘面上的棋差不多，都缺了一车一马，谁也没占多少优势。这时轮到右边四人下棋，坐着的那位明显是掌棋手，对方的棋刚落地，他就拿起了自己的车。突然，后面一位老人大叫一声："不能动车，动了他的马就溜了。"

这时，企业家仔细一看，发现红方的马果然被黑方的马牵制住，红方的车在水平线上看马，黑车一动，红马就要过河了。

掌棋手连忙放下棋子，身后一位老人说："下炮吃卒，保马过河。"

身后另外两个人同时说："对，对，这样走最保险，先让马过河再说。"于是掌棋手依计而行。

这局棋就这么一直进行下去，每次红方出棋，黑方四人都会先集思广益，然后敲定走法。渐渐地，企业家发现红方已经开始招架不住，不到十分钟，一马一炮已经被吃掉，只剩下边车边炮在孤军奋战。又过了五分钟，车也掉入陷阱，至此，红方无力回天，只能认输。

在这个过程中，企业家发现了几个很有意思的问题：

第一，红方其实实力非常强悍，虽然只是一个人，但是他几乎每步棋都走到了点子上，但是他输在哪儿呢？他输就输在自己的几次失误上。下棋有规矩，落子无悔，只要棋定，那就不能再悔棋。红方的几次失误让自己的几个重要棋子掉入对方的陷阱，一直到最后无力回天。

第二，黑方四个人走棋时能够优势互补。这四位棋手其实各有优势，一位擅长解围，一位擅长计算多步以外的走法，一位擅长营造陷阱，而最后一位则擅长猜测对方的用意。尽管四个人在个体实力上都不如红方，但加在一起，却能够打败对方。

第三，如果是红方棋手与黑方四个人同时用不同的棋盘博弈，他们会一一败下阵来，因为他们在配合下棋的过程中，每个人都提出过错误的意见，但是这些错误的意见都被另外三人否决，只有当意见得到统一时，他们才敢落子。所以，如果是一一对弈，那么他们的弱点就得不到弥补，当然会各自败下阵来。

这五人对弈的结局让企业家很受启发，很明显，这是团队力量在发挥作用，四个人的思维进行整合累加，最后竟然能够达到击败高手的效果。

这也从侧面说明了，一百个人的1%能够与一个人的100%相抗衡。为什么这么说？

首先，人数多的时候，每个人都不需要用尽全力，他们还有其他精力去做一些修饰和完善的工作。

在印刷术出现之前，人们通过誊写来保存经典书籍，一般情况下，负责主持誊写活动的人都会组织十几个人，甚至更多的人来做这份工作。在此之前，也有人靠自己一个人的力量去做誊写工作的，结果，他们往往会发现在誊写过程中出现很多问题，比如说因失误导致的错别字、字序问题，就算这个人的誊写速度再快，也避免不了这些问题。

而几个人甚至十几个人一起誊写一本书，他们可以分散自己的任务量，一本书的文字量分散到每个人头上已经不多，他们在做这件事时，就可以将更多的心思放在规避失误上，这样一来，失误也就少了很多。尽管这些人的个人能力不是很强，但合在一起，却能够更好更快地完成任务。

其次，一百个人的1%都是精华，而一个人的100%到最后可能就变成了强弩之末。

我们都知道万事开头难，但也清楚一个好的结尾意味着什么。如果是一百个人同时发力，任务量就会被细分成一百份，自然而然地，他们也就能够拿出自己最好的状态来。

而如果另一方只有一个人，就算他拼尽全力，也避免不了力所不能及的状况，到最后，可能就已经力不从心了，完成的质量也会越来越差。

所以，做大事的人不会只依靠自己一个人的力量，就算他再强大，这种做事方式也只能收到事倍功半的效果。这种个人主义在团队面前不堪一击。因此，我们不难发现，一个有团队意识、懂得借助团队力量去做事的人，一定是一个离成功最近的人。

每个人都有自己擅长的领域，同时也有不及他人的短处和劣势。所以，在这种情况下，我们在工作中就必须学会团结协作，善于团队作战，不要奢望仅凭一个人的全部力量就能出色地完成手头上的任务。很多情况下，一百个人的1%会战胜一个人的100%。

第二章
培养团队精神

任何人都有自己擅长和不擅长的领域，就算是一个能力特别突出的人，他也有需要别人帮助的时候。所以，一个人即使拥有天大的本事，要想成就一番事业，也一定需要团队的协同合作。唯有协同合作，我们才能激发团队的战斗力，我们才能让自己的工作更高效。

❋ 没有完美的个人，只有完美的团队

在这个世界上，没有完美的个人，只有完美的团队，而一个完美的团队，靠的就是团队全体成员团结在一起的力量。我们都知道，一个人的见识毕竟是有限的，一个人的力量也是渺小的，在实际的工作中，我们若想将工作落实到位，必须依靠团队的力量。也就是说，所有的团队成员必须相互取长补短，齐心协力，团结合作，一起完成艰巨的任务。我们要明白，不管我们的经验多么丰富，能力多么出众，仅凭单打独斗，是不可能取得成功的。

对于强调团队合作的现代企业来说，把一件工作落实到位，只凭一个人的努力是无法完成的。这是因为，一个人的力量是有限的，它不可能突破自身极限和环境的限制，我们需要团队其他成员的配合。正所谓，智者找助力，愚者找阻力。在工作中，遇到无法解决的难题，我们必须借助团队成员的力量，让团队成员来帮助我们，这才是一种高超的智慧。

大部分人之所以觉得工作中问题多多，完全是因为他们只倚重

自己的才华和能力，从来没有想过要去寻求别人的帮助。他们普遍认为只有自己才是最优秀最完美的，这种过分的自信，直接将那些原本可以帮助他们的人赶走。事实上，金无足赤，人无完人，一个人再怎么优秀也不可能毫无缺点。唯有不那么完美的人组合在一起，结合彼此的优点和长处，才能打造出一个完美的团队。

小闫和小李在同一家公司上班，他们都是广告部的业务员。有一次，部门主管老陈分别交给他俩一项开发大客户的任务。这个任务对于他们来说很有难度，在离开主管办公室时，老陈就特别嘱咐他们要学会求助于团队成员，万万不可一意孤行。

小闫的业务能力很强，他在广告部的业绩也非常好，因此他对自己充满了信心。离开主管办公室后，小闫就有点不服气，他认为主管老陈根本就没什么能力，之所以坐上主管的位子，不过是因为比自己早到公司几年罢了。所以，如果是他都没有办法解决的问题，那么主管老陈就更没有办法解决。再说了，开发大客户的任务，他怎么会向其他部门求助呢？其他部门根本就不了解这方面的事情，而凭他自己的能力和智慧，完成这个任务是一定没有问题的。

小李则是一个比较谦虚谨慎的人，她有很好的团队合作精神。虽然她的业务能力要比小闫差一些，但她还是凭着努力与合作取得了良好的业绩。离开主管办公室后，小李很快就到企划部和售后服务部说明了自己的情况："过几天我可能有一些问题要请教大家，希望大家多多关照哦！"当然，她知道小闫是一个孤傲的人，自己要想提高业务能力，还得多向他学习。至于主管老陈，必要的时候，她肯定会主动向他寻求帮助的,她相信老陈一定能给自己很多好的建议和帮助。

在工作过程中,这两个人都感觉到了前所未有的压力,这项任务确实比之前的业务艰巨得多。但通过向小闫学习,再加上老陈的帮助以及公司其他部门的配合,小李还是非常有信心的,很快她就顺利地开发了一批大客户,成功为公司拿到了好几个大单子。而小闫呢,虽然他也联系到了一些大客户,但是因为他没有和其他部门合作,也没有向主管老陈寻求帮助,所以最后他只接了一份大客户订单。为此,小闫不禁感叹道:"这些大客户真是越来越难对付了。"后来,他只好主动开发了一些小客户以补偿自己在这次任务中的损失。

在工作中,这样的例子不胜枚举。有些人认为自己非常聪明,能力非常强,于是就忽视和团队成员之间的合作,结果导致自己一败涂地。我们要知道,在这个社会上,竞争是非常激烈的,团队内的任何一个成员如果想要顺利完成上司交代的任务,就要放低自己的姿态,向完美的团队寻求必要的帮助。

总之,缺少完美团队的相助,依靠个人英雄主义往往难成大事。保罗·盖蒂曾说:"我宁可用100个人每人1%的努力来获得成功,也不要用自己一个人100%的努力来获得成功。"其实,他之所以能够说出这一句话,也是因为他已经认识到,成功永远只属于完美的团队,如果仅凭个人的奋斗,那即便其努力到100%,最后也未必能取得成功。

仔细想想，我们的老板为什么要聘请那么多的员工来和他一起工作呢？这是因为，老板开始创业的时候，也是从最基础的事情开始做起的。随着事业的不断发展，他一个人的力量已经无法完成所有的工作，因此他需要团队的合作，他需要大家的帮助。于是，他开始聘请员工，人数也越来越多，公司的规模一天比一天壮大了。而随着完美团队的建立，公司的盈利也越来越多，所有的团队成员都获得了成长。

　　由此可见，不管是谁，如果想要取得非凡的成绩，只依靠自身的经验和能力是不够的，我们还需要借助完美团队的力量。有句民谣说："靠一根手指，连一个石子也拾不起来。"没错，一根手指能做的事情实在是太有限了，我们必须让十根手指组成一个完美的团队，然后去完成一根手指不可能完成的任务。既然成为百科全书似的人物是不可能的，那我们就要学会协同合作，激发完美团队的战斗力，让自己的工作变得更有效率。

　　没有完美的个人，只有完美的团队，所以不要再自立为王了，赶紧去寻求团队的帮助吧！要知道，我们只有融入团队中去，实现彼此的优势互补，才能将自己的工作做到完美。

✦ 学会团队合作

有这样一句话：大成功靠团队，小成功靠个人。这句话说出了现在的社会现状。在实际的工作中，一个人如果想要取得大的成功，那么只靠自己的力量是很难实现的。毕竟这是一个合作制胜的时代，因此，我们只有融入团队中去，学会与团队其他成员进行有效的合作，才能很快地成长起来，才可以获得大的成功。

那么何谓团队合作呢？首先，我们要了解什么是合作。合作实际上就是个人与个人、个人与群体或者群体与群体，为了达到共同目的，彼此相互配合和协作的一种联合行动。

而团队合作指的是一群有能力、有信念的人在特定的团队中，为了一个共同的目标相互支持合作奋斗的过程。它可以调动团队成员的所有资源和才智，并且会自动地消除所有不和谐和不公正现象，同时会给予那些诚心、大公无私的奉献者适当的回报。如果团队合作是出于自觉自愿时，它必将会产生一股强大而且持久的力量。明白了这一点，我们也就不难理解为何一个团队可以完成一项较为艰

团结力量 团队精神

巨的任务，而一个人则不能。很多人有所不知的是，团队合作还能够让成员们的能力有所提升，这对于创造团队融洽的工作氛围和加深团队成员间的友情都是大有裨益的。

总之，一个人的力量是有限的，如果我们想要获得成功，仅仅依靠个人的力量是远远不够的，我们要迅速融入团队当中，和团队成员一起努力奋斗。

拿破仑带领军队驰骋欧洲战场，所向披靡。然而，他在攻克马木留克城的时候却惨遭失败。原因就是，马木留克兵高大威猛、身体强壮、武艺超人，而体格一般的法国士兵在体能上就输给了马木留克兵，他们根本无法和马木留克兵相抗衡，所以，最后拿破仑的军队没有获得胜利，反而遭受到了巨大的挫败。

然而，拿破仑争强好胜，他并不甘心就这么失败，于是他开始研究马木留克兵的作战风格，希望找到他们的短处，以求克敌制胜。拿破仑通过细心观察发现，马木留克兵的单兵作战能力很强，如果说进行一对一单打独斗，法国士兵必然会吃亏。但马木留克兵的联合作战能力非常差，如果说两个法国士兵相互配合，那打败一个马木留克兵就一点问题也没有，同理，一群法国士兵更能打败一群马木留克兵。

了解到这些之后，拿破仑开始改变先前的战斗策略，他让法国士兵尽量避免单独作战，而是开展团队作战，最后他的军队赢得了胜利。

通过这个故事，我们不难发现，虽然马木留克兵身体强壮，然而他们的个人英雄主义思想太重，又不懂得团队合作，没有团队意识，因此就不能够发挥团队合作的力量。相反，法国士兵的团队意识很强，他们通过自己的合作，靠着团队合作的力量取得了胜利。

在工作中，个人的力量是有限的，只有团队合作才能铸就强大的力量，从而获得成功。如今社会讲究团队合作，因此我们只有学会团队合作才能做出一番事业。一个企业若是缺乏团队合作意识，就会变成一盘散沙，缺乏战斗力，就不能在激烈的竞争中生存下去。而一个人如果缺乏与团队成员合作的意识，那么他就不懂得在团队中借力使力，就会给自己目标的实现带来不可想象的困难，最终使得自己无法完成任务。

所以，不管我们从事什么样的职业，身处什么样的环境，我们都应该努力融入团队中去，与团队成员开展有效的合作。

在这个社会中，不管做什么事情，如果仅凭一己之力，而不是依靠团队的力量，必然会失败。现代社会竞争非常激烈，如果所有人都懂得用大家的能力和知识共同完成一项工作或解决一个难题，那么社会就会取得长足的进步和发展。

微软公司以特殊的团队精神著称。像 Windows 系统的研发，有超过3000名开发工程师和测试人员参与，写出了上亿行代码。可以说，微软的成功离不开团队合作，如果没有微软团队成员之间的协同合作，那就算是再优秀的工程师也无法完成那么大的工作量。

微软的成功让人们惊叹，微软靠的是公司中每个员工的合作。

在微软内部数以百计的员工也因为公司的成功而成了千万富翁,有的甚至成了亿万富翁,他们每个人都获得了应该得到的回报。

在今天,很多微软的员工已经功成名就,然而他们依然留在微软。到底是什么原因让这些人仍然愿意留在微软,为微软贡献自己的力量呢?其实不难发现,那就是团队合作的力量。在微软团队中,正是团队成员间有效的合作,他们才获得了今天的成就。

为此,比尔·盖茨总结道:"微软营造了一种开放性的氛围,在这种开放的氛围中,员工会不断有创意和灵感产生,他们的潜能也会得到最大限度的激发。在微软公司中,团队成员可以拥有整个公司的全部资源,可以利用整个团队的力量在达成共同目标的基础上,实现自己的梦想。"

总之,一个人如果没有团队协作精神,那么就算他的个人能力再强、再优秀,也很难实现自己的梦想。现在的社会,是一个急需团结意识和团队精神的社会。作为企业的一分子,我们要让自己融入团队中去,借助团队的力量来解决棘手的工作难题。要知道,只有学会团队合作,我们才能迎来事业上的春天。

在实际工作中,懂得团队合作的人才是一个真正的智者。一方面,他们通过团队合作成功地完成了自己的工作,为企业创造了价值;另一方面,他们又通过团队合作提高了自己的工作能力,让自己逐步成长为一个出色的员工。

✺ 真诚让团队合作更顺利

工作中，不少人都为自己无法很好地与同事进行协作而感到苦恼，尤其是那些刚加入团队的人，更是感觉难以敲开同事的心扉，与他们建立良好的合作关系。其实，要想让团队成员愉快地接纳我们，与我们协同合作，这并不是一件难事。正所谓，精诚所至，金石为开。只要我们真诚地对待团队中的每一个人，那总有一天，他们会向我们打开心扉，从而让彼此间的合作更加顺畅。

要知道，真诚是一把能打开心灵的钥匙。如果我们拥有真诚，并用真诚之心对待同事，用真诚之心对待工作，那我们一定能得到同事的认可和接纳，我们一定可以在工作中做到游刃有余。

而要想做到真诚，我们不妨多跟团队成员分享自己的想法和看法，多向他们学习，多听取他们的意见和建议，这样做不仅能让我们看到自己的不足，还能加深自己与团队成员之间的感情。如果我们做不到这些，那我们就不是一个真诚的人，就会被孤立起来，最后也就没有办法顺利展开团队合作。

艾伦刚到公司上班时，工作非常勤奋，老板对她十分满意。这家公司虽然不大，但在艾伦看来，它还是很有发展前景的。

有一天，她交代助理将进货清单按照格式列好，然而，助理很诧异地说："以前的组长不是这样做的。"但艾伦依然坚持这样做，这让助理感到很不开心。午饭时，艾伦刚走进公司楼下的快餐店，就看到聊得正欢的几个同事忽然安静了下来。在那一瞬间，她很快意识到自己已经脱离了团队，这让她感到非常不安。

大约过了一个星期，艾伦和同事之间的矛盾激化了，同事们都纷纷孤立她，不愿意配合她的工作。第二个星期，老板给大伙儿安排了一项非常紧急的工作，结果同事们都当起了"甩手掌柜"，把所有事情推给了她。无奈之下，她只好一个人加班到凌晨，她一边工作，一边在心里暗暗发誓，她一定要把工作做好，让同事们看看自己到底有多强。

然而，没想到第二天老板发现单子出了问题，为此大发雷霆，同事们都说是她的责任。她听了后无法忍受，于是和一个说话尖酸刻薄的同事吵了起来，彼此都说了十分难听的话，最后闹得不欢而散。

艾伦感觉特别委屈，她开始觉得自己来这个公司工作真是个错误，老板怀疑她的能力不说，同事还和她过不去，可以说事情变得越来越糟糕。虽然她一直都希望自己能在新的公司工作更出色，就和她在以前的公司一样，每个同事都互相尊敬，老板也对她非常信任。假如不是因为想要和男朋友生活在一个城市里，她是断然不会离开以前的公司的。她从来都没有怀疑过自己的工作能力，可是为什么自己的新工作会这么吃力？问题难道只出在别人的身上？

就在这时，她忽然想起那天让助理列清单的时候，自己根本没有向她解释为什么要这样做，这其实是不尊重同事的表现，所以才会让同事误会。同时，她在业务上遇到了困难，也不向有经验的同事请教，因此其他人也就以为她不需要帮助了；而同事把急单交给她，很有可能是为了锻炼她，而非故意把工作推给她一个人去做。然而，她自己太急躁，作为一个新人，她总认为自己很优秀，不愿意去和同事沟通，结果生生拉远了自己和同事的距离。

认识到这点后，她马上找到助理，向其说明了自己的想法，并给予真诚的道歉。她向助理解释清楚当时非要那么做的原因，又细心听取了助理的意见，最后两个人一起想出了更有效率的工作方法。

吃午饭的时候，艾伦走到那个和自己吵架的同事面前，轻声说："对不起，那天是我不对，我希望能和你一块吃饭，可以吗？"同事听了，也觉得很歉疚。最后，两个人握手言和。

几个月过去了，艾伦的工作越来越出色，她本人也越来越真诚。此时的她，总是热心地帮助同事解决问题；遇到困难，她就虚心向同事请教；并且，她还通过努力为公司争取来了大客户。很快，公司的盈利实现大幅增长，这无疑又让大家有了加倍努力工作的动力。

这个故事告诉我们一个道理，那就是真诚能让团队合作变得更加顺畅。如果说工作是一部大机器，那么员工就好比是机器上的零件，只有各个零件凝聚成一股力量，这台机器才可能正常地运转。而要想让各个零件凝聚成一股力量，我们就必须真诚相待，用自己的诚意去赢得团队成员的认可，从而顺利地开展彼此间的协同合作，最后让工作这台大机器高效地动起来。

总之，我们若想让团队合作进行得更加顺畅，就必须用自己的真诚来打动其他团队成员的心，只有这样，我们才能赢得与他们合作的宝贵机会，才能携手共进，共创美好的未来。

在一个集体中，任何人的发展都不可能是孤立的，都离不开其他人的关怀、帮助和协作。要加强一个团队的合作能力，除了打造我们的团队精神外，还必须要有真诚相待、坦率以对的心，有竭尽所能、不遗余力的态度。只有这样，团队成员间才有更加完美的合作。

培养团队合作精神

众所周知，在实际工作中，员工的团队合作意识和能力非常重要。一个员工，只有真正意识到团队合作的重要性，才能在企业中做出一番事业。我们不能做那种虽然和其他同事穿着一样的制服，在口头上宣扬团队合作，然而在心里依然是我行我素、不合群的员工。要知道，这样的员工是无法获得同事的认可的，其事业也不会有长远的发展。

我们的工作环境是由自己创造的，是和谐还是矛盾重重，则看我们自己的选择了。换言之，如果我们拥有团队合作精神，那我们的工作环境就是和谐的。事实上，我们的团队合作精神决定了我们的工作成就，所以我们要把团队合作精神渗透到实际工作的每一个细节中。

几乎所有的工作都离不开团队合作，只有在团队内部形成互帮互助的合作意识和工作氛围，我们才能在不知不觉中将所有的工作做好。这个时候，作为团队中的一员，我们一定要懂得换位思考，比如在一项工作攻坚的过程中，我们最好不要缺席，因为如果我们突然中断工作，就很容易给其他团队成员造成压力，同时我们的缺席还会影响整个团队的工作进度和工作效率。

如果我们能在工作中为其他团队成员考虑，为其提供一些力所能及的帮助，或是分享自己宝贵的经验，那么我们就能迅速地融入团队中去，赢得同事的信任和认可，就能为团队的发展倾尽自己全部的力量，就能和团队一起成长，并获得最终的成功。

而这一切，都有赖于我们自身团队意识的培养。在培养团队意识的过程中，我们要努力做到以下四点：第一就是要学会自如地、迅速地、心平气和地承认自己的错误和弱点；第二就是要善于看到其他团队成员的优点，然后取长补短，不断完善自己；第三就是如果说其他队员向我们请教问题，我们要耐心地解答，以团队的利益为先，将自己所掌握的技术分享出来，让对方信任我们；第四就是我们要将自身的优势发挥出来，并将其转化为团队的优势，以更好地促进团队的成长和发展。

此外，我们还需认识到，没有规矩，不成方圆。各行各业都有自己的规章制度，团队也不例外，所以我们要想培养自己的团队合作精神，就必须懂得服从团队的安排。打个比方，很多时候，我们会觉得自己的想法和工作方案是最合理的，但是如果上司没有采纳我们的意见或是没有同意我们的工作方案，遇到这种情况，我们需要做的就是服从团队的安排并虚心学习。因为只有这样，我们才能让团队的工作更好更快地完成。当然，我们也能借此发现自己、认识自己、锤炼自己。

所以，在工作中，我们想要成为一名具备团队合作精神的优秀员工，就一定要在接到命令之后，毫不犹豫地去执行。有时候，即便是遇到棘手的问题，我们也不要害怕或是逃避。要知道，越是棘手的工作越可以让我们得到锻炼，越能证明我们的工作能力。如果我们做好了，老板就会对我们另眼相看，同事们也会更乐意与我们一起合作。另外，如果我们在工作中出现了错误，那么也不要急着把责任推到同事的身上。要知道，工作上遇到问题和麻烦是在所难免的，这个时候恰恰是考验我们的时候，一味地推卸责任只会毁掉我们在团队中的形象。所以，我们需要先从自身找一找原因，然后好好地反省一下自己的工作态度和方法。总之，想要和同事和谐相处，愉快合作，我们就必须勇于承担自己的责任。

最后，团队合作精神的培养还表现在我们如何处理自身与其他团队成员的摩擦与冲突上。比如，在制订一个宣传方案的时候，我们和其他团队成员出现了意见分歧，此时，我们绝对不能盛气凌人。正确的做法是，退一步海阔天空，大家一起坐下来，心平气和地讨论并吸取彼此的意见，从而更好地解决问题。

综上所述，我们若想更好地融入团队中去，与团队成员协同合作，共同激发团队的战斗力，那我们就必须努力培养自己的团队合作精神。唯有团队合作精神，能引领我们迈向成功。

团结合作可以让企业更加成功，让团队更加卓越，让企业的员工更加优秀。团队合作精神已经成为现代企业员工必须具备的素质，提升团队合作意识以及团队合作能力是企业发展的必经之路。

团队精神的重要性

团队精神无疑是非常重要的，任何组织都需要团队精神，大到国家，小到企业，所以每一个人都需要具备团队意识。如果一个人没有团队意识，那么他必然无法做成大事；一个组织如果没有团队精神，那它一定无法长久地发展下去；一个民族如果没有团队精神，那它一定无法强大起来。

团队精神包括大局意识、协作精神以及良好的服务精神。团队精神的基础是尊重个人，而团队精神的核心是协同合作，也就是说，一个团队需要全体成员的向心力、凝聚力，它反映的是个体利益和整体利益的统一。

团队精神的形成可以是多种多样的，它不要求团队成员牺牲自我，而是希望团队成员挥洒个性、表现特长，这样更加有利于团队成员共同完成任务或目标。也就是说，个人能力和团队精神对企业而言一样重要，是必不可少的。假如说个人能力是推动企业发展的纵向动力，那么团队精神就是达成企业经营目标的一个横向动力。因此，员工作为个体需要不断地提升自己的能力，作为团队成员则应与其他人加强沟通、同舟共济、互敬互重，不只尊重个性，也重视大局，让团队成员彼此可以协同合作。

项羽和刘邦争霸天下的故事影响了很多人。刘邦将他的胜利总结为他是一个可以识人用人的领导，而项羽的失败就是不能识人用人。刘邦说过一段话影响了很多人，这是为什么呢？刘邦在一次庆功会上，对所有人说了一段话："夫运筹帷幄之中，决胜千里之外，吾不如子房（张良）；镇国家，抚百姓，给饷馈，不绝粮道，吾不如萧何；连百万之众，战必胜，攻必取，吾不如韩信。三者皆人杰，吾能用之，此吾所以取天下者也。项羽有一范增而不能用，此所以为吾擒也。"

刘邦的胜利实际上就是团队的胜利。刘邦建立了一个人才各得其所、才能适得其用的团队；然而，那个时候的项羽靠的仅仅是匹夫之勇，根本就没有建立起一个人才得其所用的团队，因此他最后注定失败。

有句话说得好："一根筷子轻轻被折断，十双筷子牢牢抱成团。"它解释了团队精神的重要性。在实际工作中，我们若想获得成功，就必须具备团队精神，学会和其他团队成员协同合作，一起为团队的发展贡献出自己的力量。

第二章 培养团队精神

要知道，一个具有团队精神的团队，一定是一个和谐的、充满力量的强大团队，团队中的每个成员都能为共同的目标不断奋斗，并最终战胜一切困难，创造出惊人的成绩。

人们曾经认为，如果要修建一条从太平洋沿岸到安第斯山脉的铁路，那一定是不可能完成的。然而，有人就做到了，他就是工程师欧内斯特·马林诺斯基。起初他也不敢肯定自己能做到，但是还是愿意去试一试。于是，在1859年，他建议从秘鲁海岸卡亚俄修一条到高海拔地区的内陆铁路。假如这条铁路真的修好了，那将是世界上海拔最高的铁路。

安第斯山脉险情四伏，而且这高海拔地区的环境本身就让修筑工作变得非常的困难。另外，再加上变化无常的天气，以及冰河与潜在的火山活动，这些都让整个修建工作更加困难。刚刚完成了一小段距离，山脉就发生了巨大的变化。如此险峻的山脉，要把铁路修到高海拔处，实在是天方夜谭。

然而，没想到马林诺斯基和他的团队做到了，这个工程有大约100座隧道和桥梁。在这项工程中，一些隧道和桥梁后来成为建筑工程史上的典范之作。你无法想象，在如此起伏巨大的山地中竟然能靠那些较为原始的工具完成这项工程。今天，铁路仍然在发挥作用，它的修建者有非常高的团队精神。不管在修建过程中发生了什么，马林诺斯基和他的团队都在一点点地努力着，他们没有放弃过。正是由于这种团队精神才使得他们最终完成了世人认为不可能的事情。

没错，团队精神就是这么重要，它能让团队中的每一个人都恪尽职守，更能让团队中的每一个人实现优势互补，从而让整个团队焕发出新的生命力，并最终形成一种攻无不克、战无不胜的巨大力量，引领所有团队成员登上成功的高峰。

作为团队的一员，我们必须具备团队精神，我们需要和其他队友共同合作、共同奋斗，一起为企业的成功而努力。没有了团队精神，企业就如同一盘散沙，而我们即便个人能力再出色，工作再努力，最后也无法实现自己事业上的梦想和价值。

帮助同事，激发他的斗志

团队精神是以团队成员的相互支持和信任为基础的。假如一个团队的队员达不成共识，无法让团队上下团结一心，那么这样的团队根本无法发展下去。

如果我们总是怀疑、猜忌自己的队友，对方遇到麻烦，我们也不愿向其伸出援助之手，相反，我们躲到一边，冷眼旁观，甚至是幸灾乐祸。这样一来，等到我们遇到问题、需要别人帮助的时候，别人也会以同样的态度对待我们。

阿瑟·卡维特·罗伯特斯是企业管理的专家。他曾经说过，优异的经营业绩是通过一场相互支持的接力赛取得的，并不是通过简单的竞争取得的。这句话是在告诫我们，在团队中，我们必须相互信任、相互支持，这样才能够取得良好的业绩。

20世纪50年代，有一个非常落魄的年轻人名叫丹尼尔，从一个偏远的小山村来到纽约闯世界。丹尼尔没有读过书，也没有工作经验，因此，当时的他想要在人才济济的纽约找到一份工作看似比登天还难。就在他一筹莫展的时候，他接到了一家日用品公司的面试通知。他非常高兴地去面试，然而，对于主考官关于各种商品专业知识方面的提问，他一句也答不上来。原因是他根本不知道这些商品，也从来没有接触过。

看样子他的工作机会应该就要消失了，然而，就在主考官转身走出办公室的那一瞬间，丹尼尔问道："先生，贵公司到底需要什么样的人才呢？"主考官说："我们需要一个能把仓库里的商品卖出去的人。"丹尼尔后来思考主考官的话，他豁然开朗了。无论是哪家公司，需要的都是可以给他们解决实际问题的人。很快，他就在一家报纸刊登了一则奇特的启事：我拿我自己的信用做担保，如果说您或您的公司遇到难处，我也刚好可以帮助您，那么我一定会竭力提供最优质的服务。

这样的启事刊登出来后，丹尼尔很快就接到各种各样的求助电话。有的人因为猫咪生下小猫咪没有时间照顾而发愁，有的人因为想要买猫咪而发愁；有的小学需要特别多的奶源，而有的牧场里的牛奶过剩。丹尼尔把这些情况进行整理分类，然后他让这些需要帮助的人都获得了自己需要的信息。在他帮助别人的过程中，他突然觉得自己可以注册一家公司来帮助别人。

由于他在帮助别人的过程中提供了非常好的服务，所以后来只要大家有什么需要都会找他，而且还积极替他的公司做宣传。没过多久，他的公司越开越好，越做越大，他也成了百万富翁。

那些曾经支持他人、帮助他人的人，在今后的生活中必然会赢得别人的支持和帮助。要知道，只有在别人的支持和帮助下，你自己的事业才能发展壮大。在团队中更是这样，团队成员之间一定要互相信任，要互相合作，这样才可以形成一股强大的凝聚力，让你的团队成长起来。

在职场中，任何一个团队的任务实际上都是非常复杂的，而且要经过很多环节，需要涉及这些环节的人员互相支持、合作。但是，有的员工只知道做自己的那一部分工作，这种人就缺乏一种合作的精神。作为团队的一员，我们应该懂得去支持和帮助他人，并且能够在他人的支持和帮助下，完成自己的事情，完成团队的事情。

如果可以在一个和谐的、相互支持和帮助的环境下工作，那么员工的效率就会特别高。在共同进取的团队中工作和生活，是一件很幸福的事情。团队可以为员工提供的帮助不仅仅是物质方面的，很多的时候是精神方面的帮助。团队可以让我们提升斗志，能给我们以归属感，让我们的才能和价值得到发挥。所以，我们需要依靠团队的力量超越一切障碍，成就团队的辉煌。

当大雁迁徙飞行的时候，如果发现队伍当中有大雁掉队了，其他的成员就会发出"呱呱"的叫声,这样的叫声不仅是为了提醒前面的队员,让大家的飞行速度降下来,而且也是为了鼓励掉队的大雁,要加快速度,赶上雁群。在工作中,这种鼓励是振奋剂,可以让团队中的人振作起来,能让失望的人看到希望,给那些停顿的人以前进的力量。所以说,我们在平时要多用鼓励的话语对待他人。

值得注意的是,在团队中,我们鼓励别人的时候,一定要结合实际、有针对性,不要太过分地夸大事实,这样会让人感觉像是假话一样。鼓励别人时要多结合具体的表现和行为,让他人有信心、有力量。在这种帮助和鼓励下,相信整个团队都能够焕发出强劲而昂扬的斗志!

在团队当中,我们可以通过帮助别人来激发大家的斗志。"一句话胜过百万兵"并非不切实际,很多时候,团队中的每个人正是依靠着彼此的帮助和鼓励才能重燃斗志!

✵ 团队合作成就个人

我们在团队中经常会发现,一些"独行侠"在拼命地工作,然而,他们的工作业绩却很一般。为什么会这样呢?这些人明明付出很多,工作也非常努力,可是为什么他们的业绩却没有起色,甚至有时连工作岗位都难以保住呢？答案很明显，那就是他们不懂得团队合作。而合作正是团队发展的基础，同时也是一个人取得成功的前提。

一个人再有本事，他的能力也是有限的，如果希望在工作中做出成绩，成为优秀员工，那么就必须要学会与人合作，获得大家的支持和帮助。毕竟站在巨人肩上才能看得更远，我们只有借助团队的力量才更容易做出成绩。

企业家王石在接受记者采访时说："我的灵感来自团队。我给外界的错觉是因为个人能量很强而成就了万科的今天，其实不是这样。我对万科的价值是选择了一个行业，树立了一个品牌，培养了一个团队。"唯有团队合作，才能带领我们走向成功。

众所周知，每一个人都想成为一名卓越的员工，都想在事业上做出一番成就。而此时，唯有借助团队合作，我们才能从职场中脱颖而出，轻松获胜。可以毫不夸张地说，团队合作是让我们在职场胜出的一项重要能力。离开了团队合作，我们很可能什么成就都无法取得！我们的梦想更是无从实现。

李颖在南京一家汽车销售公司做业务员。他的销售技能和业务关系都非常好，在公司的业绩榜上，他经常名列前茅。然而，遗憾的是，李颖在取得一定的成绩后，就开始有些目中无人了，他不仅对客服人员非常无礼，还经常对他们的工作指手画脚。

原本这些客服人员对李颖的工作是非常支持的，只要是他的客户打来的电话，他们都会马上提供贴心的服务。可是李颖却经常说："你们的饭碗是我给的，没有我，你们都要饿死了！"说这些话的时候，他还会附带着批评客服人员的服务工作没有做好。

客服人员忌惮他的职位和权力,因此对他不敢正面反驳,于是,他们就通过一些行动让他体会客服人员的重要性。后来,只要是李颖的客户打来的电话,客服人员就不理不睬,而且一拖再拖。

无奈之下,这些客户只好打电话给李颖,怒气冲冲地向其投诉。因为客户的售后服务无法跟上,这直接导致李颖的续单率持续降低,就这样,新客户没有开发到不说,就连原来的老客户也都流失了。

最后,在团队中人缘很差且业绩不佳的李颖,只好选择卷铺盖走人,离开了这家曾成就他一番事业的公司。

从上面的例子我们可以看出,一个人离开了团队的支持,就算他再有能力,最后也必然会失败。总之,我们要想把工作做好,取得一番成就,必要的团队合作是不可忽视的。

我们都知道,有一种动物在平日的行动中特别注重团队合作,这种动物就是我们经常见到的蚂蚁。蚂蚁过着群体生活,从蚁后到工蚁都有明确的任务,他们没有任何的等级特权,没有内耗,每个个体都在全心全意地维护着他们整个群体的利益。它们组织有序、分工明确,而且每个团队成员都各司其职、忠于职守。可以说,蚂蚁们是最懂团队合作的动物了,它们深知,离开了团队合作,自己就无法在这个弱肉强食的大自然中生存下来。

相信很多人都听过一句话,千里之堤,溃于蚁穴。从这句话中,我们可以看到蚂蚁的力量是多么的强大,这种强大的力量无疑来源它们的团队合作,就连人类也要对其敬畏三分。如果我们在工作中,能够像蚂蚁那样注重团队合作，培养自己的团队意识和团队精神，那我们定能依靠团队的力量成就自己。

总之，当我们认识到团队合作的力量时，我们就会明白，是团队合作成就了我们，是团队合作让我们变得更加强大，是团队合作让我们迅速成长，是团队合作让我们成为更好的自己！

张琳是世界自由泳罗马世锦赛的金牌得主，他的成功也和团队合作有关。他说："虽然我的成功和自己的努力是分不开的，但是，也离不开团队在我背后做出的巨大贡献和牺牲。陈映红作为我的主管教练，她付出了很多，她训练我已经有10年之久；澳大利亚籍教练丹尼斯也是我的恩人，他是前世界中长距离自由泳之王哈克特的恩师，我就是在他的帮助下，才慢慢地找到了通往成功的信心和方法。另外，在国家队的时候，还有很多人为我的成功做了很多幕后工作。比如，每天都陪在我身边的体能教练闫琪，她是北体大研究生，拥有美国体能训练师资格。而科研人员周晓东，来自北京市体育科学研究所。还有……"

不难发现，对于自己的成功，张琳一直都在感谢他所在团队的每一位成员，而对个人努力的部分只是轻描淡写。其实，张琳说得没错，如果没有团队成员的帮助，他是不可能摘得宝贵的金牌的。由此可见，团队合作是多么重要，团队合作的力量是多么强大，一个人若是离开了团队，离开了团队合作，那他最后注定与成功无缘。

团队合作能成就个人，这是职场不变的真理。我们每个人都要牢牢记住这句话，并在以后的工作中不断提醒自己，不当独行侠，不走个人路。唯有如此，我们才能在团队中走得更远、更顺利。

现如今，所有企业都在追求团队合作，因为仅凭个人单打独斗是很难闯出一片天地的。这时候，我们必须努力调整自己的观念和心态，积极主动地融入团队中去，借助团队合作成就自己。

✤ 改变自己，与团队共进步

生活在社会中的每个人，都有自己的做事风格以及自己的做事节奏。在工作中，我们独自打着自己的节拍是不行的，为了在团队中赢得更好的发展，我们必须具备团队合作精神，并根据团队的需求，适时地调整自己。

实际上，这就和合唱一样，只有大家的节拍一致，才可以唱出优美和谐的歌曲。在合唱团中，如果各唱各的调，那么所唱出的只能是嘈杂之声。这也让我们知道，团队精神是多么重要。

你不知道如何去合作，不懂团队配合，你就会陷入个人工作的圈子里。这样你会觉得"集体理念归理念，我有自己的想法和原则。""我在家都是这样做的，到了单位，我为什么要改？""单位的标准很高，我又不会一辈子待在这里，为什么要我这样做？"

在工作中只强调自己是正确的，会让自己与团队更加格格不入。假如说不融入团队，我们又怎么与同事们相处？又怎么能在一个企业长久地待下去？

只强调自己的工作，不懂得和团队一起工作的员工，是无法融入团队中去的。而不融入团队，无疑是在为自己的未来筑起一道栅栏，让自己的事业难以发展下去，也无法和团队一起进步，一起共同成长。

如果我们要学会去和团队一起成长，那就不能过分地强调自己的个人习惯，不能以自我为中心，也不要总是表现出自己的与众不同。对于一名优秀的员工来说，我们想要融入团队中，就要第一时间了解团队的核心理念，同时按照理念的要求去做事，因为我们只有融入团队，和团队的步调保持一致，我们自己的发展才会更加的美好。

我们来看一个简单的事例。假如，一个企业强调的是阳光文化，然而你却每天阴沉着脸，牢骚满腹；假如说一个企业强调个人的成长，然而你却不爱学习，没有进步；如果企业所强调的是团结和谐，但是你却偏偏要独来独往，没有任何的合作，没有互助精神，这样的话，你还能在企业中发展下去吗？因此，在工作中，我们一定要懂得如何去适应企业，懂得适应团队，这样你才能够懂得工作，与团队共同进步。

杨叙是一个非常了不起的人，他在中国IT界很有名，是英特尔中国区总裁，为英特尔在中国创造了很多的业绩。

在20世纪80年代中期，杨叙还是一个在美国留学的留学生。

在一次校园招聘时，他被英特尔的主考官看上，因此成为英特尔办事处的工作人员。

当他走进办公室，发现在墙上的标语："客户是我们最重要的财富。"杨叙认为这就是英特尔公司的核心理念，于是他把这句话记在了心里，在以后的工作中也一直都秉承着这个理念去做事，与公司同进步。尤其是在接待客户的时候，他热情百倍，处处都为客户着想，提供热心周到的服务。

杨叙的表现大家都看得到，他的上司也注意到了他，出色的工作能力和态度让他受到了大家的好评。后来，杨叙完成学业后，他被英特尔公司聘为正式员工。后来，他成为英特尔公司副总裁。

杨叙在学生时代就已经知道了如何与团队一起进步，而且他在工作中一直努力以此来指导自己的工作。当然，他的付出得到了回报，而且最终以最快的速度赢得了上司的认可，从而为自己事业的发展打下了基础。

要学会与团队共同进步，不仅仅要按照企业的核心理念去做事，而且要懂得谦虚。就算取得了非常好的成绩，也不要看不起其他同事，要懂得谦让。无论你多么优秀，多么出色，你都离不开团队的力量。如果离开了团队，那么你就不会有更大的发展和成就。

在工作中，我们若想赢得队友的信赖和认可，就必须根据团队的要求，适当地改变自己，调整自己的步伐，和团队保持一致。只有这样，我们才能和团队共进步，才能取得事业上的成功，实现自己的人生价值。

要记住，你不是一个人在工作。你要懂得如何融入团队，特别是在自己取得成绩的时候。这个时候，你更需要去感激团队的帮助，假如说过于突出和强调自己，那么你就可能招致领导或者同事的厌烦，你的事业发展也会受到很大的影响。

第三章
学会与团队一起成长

一个好汉三个帮,在社会分工越来越细的大环境下,一个人单打独斗很难成功。我们需要融入团队,在团结合作中成长,在相互协作中与团队一起走向成功!。

✨ 快速成为团队的一员

对于一个职场新人来说，快速适应新环境，融入一家陌生的企业和团队，是一件非常重要的事。而脚踏实地通常是他们踏入职场的第一课。职场新人可千万不要小看这一课，它能够让你顺利完成从职场新人到企业精英的转变，是你更快攀上职业高峰的关键。

很多求职人员刚刚进入新公司后，会遇到很多情况，会有点"水土不服"，融入新公司会有一定的难度，很难在非常短的时间内展现出自己的能力和才华，很难赢得团队成员的信任和欣赏。实际上，这是很普遍的现象。不管是初入职场的"菜鸟"，还是职场老手，内心都会有这样的矛盾和纠结。对于前者来说，虽然有着初生牛犊不怕虎的拼劲，但是对于全新的人生体验、社会考验，他们通常会感觉迷惘，甚至会产生急躁和不知所措的情绪。这是因为环境在不断改变，会让人产生焦虑和不安。职场新人会有挫败感，并且感觉很不自信。然而，改变现状的唯一途径，就是去改变自己，让自己适应环境，建立自信！虽然说后者有多年的职场经历，拥有丰富的经验，但面对新公司的全新文化、结构和团队，经验已经没有多少价值了，在新的职场环境中，需要做好选择性适应，让自己融入团队中，实现自己的人生价值。

那么，一个新员工到底该如何快速融入团队呢？很多人都说，到了新公司，最难适应的就是一个企业的文化了。如果说你希望在新公司立足，那么你就一定要理解、认可、传播企业的文化。只有这样，你才能认可这家公司的文化理念，才能快乐地工作。当初你决定在这家公司工作的时候，除了公司提供的薪水可以满足你的要求外，实际上，更重要的因素是公司的整体氛围好，项目具有发展前景，公司领导拥有较强的人格魅力！

总之，我们若想快速融入团队，就必须尽自己最大的努力去适应新的工作环境，并从内心接受公司的企业文化，只有这样，你才能成为一个融入团队的好员工。所以，为了自己的梦想，你不能放弃，你需要融入团队中去，努力创造属于自己的价值。

有个年轻人大学毕业后到一家策划公司上班，第一天上班时，他的上司就分配给他一项任务，让他尽快做出一个活动策划方案来。

这名年轻人知道这是上司亲自交代的，所以非常认真，一丝不苟地工作着。他不言不语，一个人做了大约一个月，可是依然没有弄出个眉目来。很明显，这是一项非常难以完成的工作。

上司之所以分配给他这么一项艰巨的任务，实际上是为了考察他的合作精神。然而，他并不是一个善于合作的人，在工作的过程中，他既不请教同事和上司，也不懂得与同事合作一起研究。结果可想而知，仅凭他一个人的力量，当然拿不出一个合格的方案来。

这个故事告诉我们，如果我们希望在公司里站稳脚跟，那么你就需要学会利用团队的力量。俗话说，三个臭皮匠，顶个诸葛亮。一个人单打独斗是很难为自己赢得一席之地的，我们每到一个新环境，都必须迅速融入团队中去，然后借助团队的力量将工作做好。上面故事中的年轻人，作为一名职场新人，本来应该学着融入团队中去，和同事保持密切的交流，可他偏偏要闭门造车，一个人埋头苦干，所以最后失败也是难免的。

现如今，很多企业老板开始重视具有团队意识的员工，在他们看来，具有团队精神的员工能大大提高团队的士气，帮助团队取得最后的成功。毕竟，一个人的成功不是真正的成功，团队的成功才是最大的成功。

和王森一起进入一家IT企业的总共有23个人。实际上，大家的教育背景都差不多。其中21个人全部都分配到了销售部门，王森和另外一个同事分到了行政部门。虽然说，大家的基本工资都一样，但销售部门的同事有销售提成，如果业绩好的话，月薪可以达到上万元。但是王森只有基本工资，日子过得非常紧。而且，因为公司人手比较多，所以总监对王森这样的新人并不放心，于是就给他放了更多的假，每周只需上三天班。

这让王森的朋友羡慕不已，可他却感到很郁闷，认为自己没有出头之日。

内心斗争了很久，王森才找到了当初招他进来的李总，希望其能帮助他调动工作。几天后，李总告诉他："江南分公司非常缺人，你愿不愿意过去做销售？"王森一听，很高兴，于是一口就答应了。

调过去做销售后，王森的业绩实在是太差了，以致他不敢再想什么业绩了，觉得应该先保住自己的饭碗。于是，王森再次找李总要求调动工作，李总非常惊讶："你这么频繁地调动工作，在我们公司可是绝无仅有的，男孩子做事还是要有点干劲呀！"

就这样，王森开始反思自己，他认为自己很浮躁，就像电视《士兵突击》中的成才那样，生怕走半步弯路，最后却绕了最远的路。可是反思归反思，王森对自己依然没有很大的信心，他时刻关注着公司的职位空缺。后来，他了解到西北分公司有职位空缺，他又开始在领导面前用行动来证明自己有干劲，希望可以得到西北分公司领导的赏识。

终于，王森得偿所愿，到了新的部门，然而，他发现这里并不完美：工作的强度很大，周末要加班，没有太多的闲暇时间。偶尔，他突然会想起在行政部门没有压力、工作轻松的日子，当然了，也就不自觉地想要说几句牢骚话。不过，他总算明白了：在这个世界上，并不存在让自己完全满意的工作，每做一次选择，就要对自己负责。只有学会适应新的环境，努力融入团队当中去，让自己迅速成为团队的一员，他才有可能让自己的事业开花结果。

其实，新员工刚开始工作的时候，有一些浮躁情绪是正常的。但是，如果工作一段时间后，依然有浮躁情绪，那么对于一个新入职的人来说，这显然就是缺乏上进心的表现。假如他的浮躁情绪持续不断，那毫无疑问，他的工作态度肯定亟待调整。

总之，初入职场或是刚刚进入一家新公司时，我们需要保持清醒的头脑，不能过于浮躁和自我。要知道，在实际的工作中，没有人是一座孤岛，我们的所有活动都要存在于团队中，我们和团队的关系可以说是唇亡齿寒，如果没有同事的支持和帮助，我们就不可能将自己的工作做到尽善尽美。所以，初入团队，我们必须注意培养自己与同事之间的感情，和同事保持良好的关系，多跟同事分享自己对工作的看法，还要多听取和接受同事的意见。千万不要自命清高成为"孤家寡人"，尤其是在团队中，假如被孤立，那我们将失去成长和成功的机会。

在我们身边，很多人会由于各种各样的借口成为职场上的逃兵，最后慢慢地离开了团队。只有那些坚持留下来的人，最后才会成为赢家。在不远的将来，那些选择迅速成为团队中的一员，和团队一起成长的人，必然会因为融入团队而提高自己的工作能力，并创造出辉煌的业绩，最后与所有团队成员共享成功的果实。

你有多少能力不重要，重要的是，谁认可你，谁愿意用你。成功人士都经历过从"能干的人"到"团队好伙伴"的过程，人在职场往上走的过程，其实就是被团队认可的过程，更是自己完全融入团队，迅速成为团队中一员的过程。

学会和同事相处

在上班族中流传着这样一个故事。

外国一家公司的职员大部分都在看中国的名著《三国演义》，问了以后才知道，他们习惯将职场当战场。他们在三国故事里学到一些应对人际关系的方略。这样一来，同事之间钩心斗角，让一个小小的办公室里人人自危，一个劲儿地喊：努力呀努力！一边偷着乐的老板则见缝插针，很容易就获得了最大效益。

故事归故事，事实上，大多数企业里的员工并不像故事中描绘的那样剑拔弩张，他们基本上都是"以和为贵"。因为在他们的观念里，良好的同事关系可以让自己减少很多内耗，让办公室的气氛活跃起来，而工作也会变得不再单调。

没错，和同事和谐相处确实很重要，我们几乎每天都和同事在一起，彼此相处的时间很长，甚至比我们每天和家人、朋友在一起的时间还要长。所以，在每天工作的八小时中，我们需要和同事融洽相处。只有这样，我们才能营造出一个轻松、快乐、和谐的团队氛围，我们才能拥有一份阳光的心情，才能将工作做好。

那么，我们究竟要怎么做才能和同事融洽相处呢？

很多人说，在和同事相处的时候，最重要的就是尊重。这是因为，尊重是处理好任何一种人际关系的基础，其中自然也就包括了同事之间的关系。同事关系不同于亲友关系，它不是以亲情为纽带的社会关系。对于亲友来说，有时候一方失礼，还可以用亲情作为缓冲。但是，对于同事来说，以工作为纽带，一旦失礼，创伤是非常难以愈合的。所以，我们要想处理好与同事之间的关系，就一定要懂得去尊重对方。

在茫茫人海中，大家因为工作的原因走到了一起，这是一种缘分。既然是缘分注定，那么作为同事，在工作中就要懂得互相尊重。因为同事间的相处时间很多，彼此来往也非常频繁，所以有时候难免会存在竞争。在这种情况下，我们更要特别留心自己的言行举止，万万不能做出任何不尊重同事的行为来。

总之，只有学着低调、谦虚和友善，我们才能与同事相处融洽，才能迅速融入团队，和团队一起成长。在工作中，每一个人都渴望被别人尊重，然而很多人从来就没有想过，自己在强调要被人尊重时，是否也给予了别人尊重。假如我们一开始就没有养成先尊重别人的好习惯，那么我们也不应该期许得到别人的尊重。古语有云："敬人者，人恒敬之；爱人者，人恒爱之。"也就是说，我们若想得到别人的尊敬，那就要先俯下身子，去尊重别人，体谅别人，只有这样，我们才能换来别人对自己的尊重，才能被团队的成员所接纳，所认可，所喜爱。

常言道，赠人玫瑰，手有余香。实际上，尊重他人也就是在善待自己。同事就是一面镜子，我们对它哭，它就对我们哭，我们对它笑，它便对我们笑。所以，初入团队，我们一定要学会和同事融洽相处。

老李每年都会受邀参加一个杂志的评审工作。虽然说这项工作的劳务报酬不多，但也觉得这是一种对自己工作和能力的认同和肯定。有的人只参加过一两次，但老李每年都可以参加，正是这种"殊荣"让大家羡慕不已。

在他年届退休的时候，有人问他到底是什么原因让他每年都能参加评审，他微笑着说出了原因。他说，他的专业眼光不是最好的，他的职位也不是最重要的，为什么他年年被邀请，就是因为他会给别人"面子"，也就是会尊重别人。

尤其是在公开的评审会议上，面对杂志社的编辑人员，他一定会多用称赞和鼓励，少用批评和责备。而且会议结束之后，他还会单独找到杂志的编辑人员，告诉他们样刊上的缺点。这种做法无疑让每个人都保住了自己的脸面，同时也让他们知道自己在工作上需要改进的地方。

就这样，承办该项业务的人员以及杂志社的编辑人员都非常喜欢老李，自然也就每年找他当评审了！

其实，不仅这些人喜欢老李，就连老李所在单位的领导和同事，上上下下好几百号人都非常欣赏他。因为老李向来与人为善，懂得尊重别人，在单位工作了那么多年，他从来没有和领导、同事红过脸，彼此相处总是十分融洽，工作方面更是配合得天衣无缝。

在日常的工作中，很多人都非常容易犯下这样的毛病，自认为见解独特、口才了得，逮到机会就会侃侃而谈，把别人批评得一无是处，他自己则大呼痛快。这种人一点也不懂得尊重别人，所以自然也就处理不好和同事之间的关系。长此以往，他肯定会自食苦果，遭到团队成员的排斥。

如果我们能像故事中的老李那样，学会尊重别人，顾全他人的自尊，那我们就能顺利地与同事建立起良好的人际关系，从而得到团队成员的喜爱和赏识，并赢得和团队一起成长的宝贵机会。

同事是与我们一起工作的人，与同事相处得怎么样，将直接决定我们的工作质量。如果同事之间相处得融洽、和谐，那么大家就会感到心情愉快，有利于工作的顺利进行，从而促进事业的发展。反之，如果同事之间的关系紧张，彼此相互拆台，经常发生摩擦，那势必会影响正常的工作和生活，阻碍事业的正常发展。由此可见，我们一定要学会和同事相处，为建立一个和谐融洽的团队而努力！

积极工作，赢得团队信赖

积极工作不仅是对自己的要求，也是企业发展的必然要求，尤其是在市场竞争日益激烈的今天，任何一个团队，要想在激烈的竞争中站稳脚跟、不断成长，都需要团队成员的积极工作。而作为个人，要想在团队中谋生存、求发展，就要培养自己积极工作的习惯，赢得团队的信赖。

在实际工作中，一个人的力量是十分有限的。即使一个人没有一流的能力，但是只要有能够积极工作、积极做事的习惯，也同样会赢得人们的尊重。假如你拥有超强的工作能力，而没有积极工作的态度，那么你的个人能力也会因为你缺乏良好的工作习惯而受到抑制，从而无法获得领导的赏识和同事的认可，久而久之就会对自己的工作造成巨大的影响。

所以，我们要想在职场上获得更多的信赖和赏识，就要在工作中培养积极工作的习惯。对待自己的工作要满怀热情，不等不靠、尽职尽责地把工作做到位，力求精益求精，这样你才能获得更多的

第三章　学会与团队一起成长

发展机会和回报，并且与团队一起成长。

马伟毕业后找了一份工作，在一家房地产公司上班。工作中的马伟认真负责，深得领导赏识，业务能力稳步提升。

有一次，马伟和几个朋友在一起聚餐，席间有位朋友说，北郊规划出一块经济适用房的地皮。听到这个消息，马伟非常激动，再三嘱咐朋友帮自己核实这条消息的真实性，并开始着手准备投标材料。马伟在心里盘算，一旦消息属实，消息公布以后，肯定会有很多房地产公司去投标。如果自己先替公司准备好材料，那公司中标的胜算不就更大了吗？

回到单位后，几位同事听了马伟的计划，觉得马伟多管闲事，甚至对此嗤之以鼻。有几个人说道："马伟，操这心干啥，这根本不关你的事，你干啥要自讨苦吃呀？你就是做了这些，老板也未必多给你发工资呀。"还有一些同事不屑地说："马伟这人不就是爱出风头，想在老板面前表现自己吗？"

听了同事们的议论，马伟心里很难过，但还是一笑了之。对于那些冷嘲热讽的话语，他装作没有听到。他在心里想：如果消息属实，我这样做不就为公司赢得先机了吗？

时间过得很快，两个月后，消息得到了证实。很多公司都忙着为准备竞标资料，马伟所在的公司也不例外。消息公布后，董事长紧急召集公司高层领导开会，研究如何为竞标准备资料。这个时候，总经理说办公室的马伟早在两个月前就已经将竞标材料准备好了。董事长听后心里大喜，急忙把马伟叫到办公室来。马伟将自己准备的一份厚厚的关于这块地皮的资料送到了董事长面前。

董事长感到既惊喜又意外，问道："是谁让你做这件事情的？"

"我是办公室的员工，没有人让我准备资料，是我听说了这个消息，但当时还没有确定，我就先着手准备这些资料，觉得一旦消息属实，这些资料能够给公司带来帮助。"

董事长听后暗暗为马伟竖起了大拇指。

在后来的竞标过程中，马伟所在的公司由于资料准备充分、设计方案科学合理，一举中标。公司为此召开庆功会庆祝，在庆功会上，董事长郑重地向马伟敬了一杯酒，代表公司对他表示感谢。因为如果没有他前期的资料收集和准备，这次竞标不可能这么顺利。董事长当场就宣布，马伟被任命为公司的办公室主任。

故事中的马伟只想为公司做一些力所能及的事情，没有想到却因此而升职。其实，公司看中的不只是马伟为公司准备的资料，更多的是马伟积极主动的工作态度。

作为团队中的一员，马伟在做好自己分内工作的同时，还主动做一些对团队发展有利的事情，这样的员工，无论在哪个公司都会受到重用。所以，马伟的幸运并不是偶然，而是他积极工作的必然结果。

当然，在职场工作，我们最主要的还是要圆满完成领导交给的任务，只有这样，我们才能得到领导的认可，才具备了在这个单位、这个岗位工作下去的资格，才有可能实现自己的价值。否则，一切都是空谈。抛开这些，让领导满意、赢得团队信赖的途径还有很多，其中尤为重要的当属工作积极主动了。公司希望我们能积极主动地做好工作，为公司创造出巨大的价值和效益，如果我们总是消极懒散，做事不上心，那势必会让团队成员对我们心生不满和厌恶。

一项研究发现，一个人的成功，85%是建立在积极工作的基础上的，还有15%是建立在个人的智力和他所掌握的信息的基础上。由此可见，在团队中，我们要努力培养积极工作的习惯，这是我们快速融入团队的最佳方式。

一个优秀的员工所表现出来的主动性，不仅体现在其能坚持自己的想法，做好手头的工作，还体现在其可以主动承担自己工作以外的责任。

小李应聘到一家进口公司工作后，晋升速度很快，没过多久就坐到了办公室主任的位子上，这让周围所有人都惊讶不已。一天，小李的一位好哥们儿怀着强烈的好奇心询问他这个问题，希望能学习到一些成功的秘诀。

小李听后无所谓地耸了耸肩，答道："这个嘛，很简单。当我第一天去公司工作时就发现，每天下班后，所有人都回家了，可是董事长依然留在办公室工作，一直待到很晚。于是，我决定下班后不急着回家，而是在办公室里加班。虽然没有人要我留下来，但我认为我应该这么做，因为这是一个积极进取的员工应该做的。而且，我可以为董事长提供任何他所需要的帮助。就这样，时间久了，董事长也养成了有事叫我的习惯，我也就有了被重用的机会。"

我们不禁要问，小李这样做是为了薪水吗？当然不是。事实上，他确实没有获得一点物质上的奖赏，但是由于他的付出，他得到了老板的赏识和升职的机会，自然也为以后的事业打下了基础。

　　从这个故事中，我们不难看出，在小李成功的背后，积极主动工作的意识起到了决定性作用。所以，要想取得非凡的成就，就必须培养自己积极主动工作的意识。只有这样，我们才能养成积极主动工作的良好习惯，并在该习惯的引领下，做好自己分内分外的工作，进而赢得团队的信赖，更好地融入团队中去，与团队一起成长，一起成就一番骄人的事业。

　　一个人积极主动工作的自我意识主要是在现实生活中慢慢养成的。如果我们总是被偷懒、拖延、消极等坏毛病纠缠，那么时间一长，势必会影响到我们积极主动工作意识的形成。所以，在平时的工作和生活中，我们一定要坚决和这些坏毛病划清界限，唯有如此，我们才能成为一名优秀的团队成员。

　　总之，我们要自动自发地做事，同时为自己的所作所为承担责任。那些成就大业之人和凡事得过且过的人之间最根本的区别就在于，前者懂得积极主动地工作，并为自己的行为负责；而后者则刚好相反，一方面，他们总是消极懒惰地对待工作，另一方面，当他们在工作中遇到困难的时候，通常都会选择逃避，有多远躲多远。其实，他们根本就没有意识到，一个人主动担当重任，并为公司的发展承担风险，表面上看起来似乎是一件苦差事，但实际上是在为自己赢得发展的机遇。

　　综上所述，我们每一个人都要积极主动地工作，然后凭借着自己这份超强的责任心去赢得团队的信赖,从而更好地融入团队中去,赢得更多的发展机遇,一步一步迈向成功的大门。

❋ 主动参加团队的活动

任何一个人在社会和团队中都不是孤立的,我们要获得快乐,取得成功,就必须融入社会、融入团队、融入同事中去。而多参加团队活动无疑是一个最有效的方法,它能让我们在游戏和活动中加强与团队成员的交流,促进彼此的沟通和了解,还能显著提高我们的人际交往能力,让我们有机会和团队一起成长。

在小说《杜拉拉升职记》中,年长杜拉拉六岁的研究生男友在出国之前,曾经用SWOT法则顺利地游说杜拉拉分手。而"多参加集体活动"这条建议,也是杜拉拉的前男友提出来的,他说这样能加速良性进程,即能帮助杜拉拉早日走出分手的伤痛。

遗憾的是,那时候的杜拉拉还是一个不谙世事的小丫头,她不懂得这条建议的深刻含义,只是大大咧咧地回应说:"参加集体活动要花钱的,不如在家看电视、看书。"

但是随着时间的流逝,杜拉拉一天天成长起来,她开始感受到参加集体活动的重要性。多参加团队活动,的确能够加速良性进程,从这一点可知，自己的前男友确实有先见之明。

那么，参加团队活动为什么能够加速良性进程呢？因为这是团队建设的一种重要途径，可以促进跨部门沟通，增强企业的凝聚力。如此一来，员工的合作热情就会更加高涨，干起活来也会更加卖力了。而员工间互相合作，不管对公司还是对个人，都是百益而无一害的，自然能够加速良性进程了。

认识到参加团队活动有这么多的好处后，杜拉拉一下子就开窍了，她开始积极地参加各类团队活动，小到和朋友一起吃饭聊天，大到参加公司举办的大型聚会，只要有团队活动，杜拉拉几乎都是来者不拒。正因为如此，杜拉拉的人际关系一直很不错，上到老板何好德，下到前台海伦，杜拉拉都跟他们保持着友好的关系，而良好的人际关系为她的职场生涯加分不少。

在职场中，对于参加团队活动，不同的人通常会有不同的心态：有人认为这是在浪费时间，有人却把参加这类活动当成提升自己的公众形象，加强同事之间的交流沟通的好机会。而事实证明，那些不屑于参加团队活动的人，大多数都在职场人际关系存在一些问题和隐患。许多初入职场的新人总是忽略团队活动，我们不妨来看一个现实中的例子。

李琳进入M公司之后，一直有一种紧迫感，她觉得自己对很多东西都不熟悉，要学习的地方太多太多。所以，她把业余时间都用在学习上，努力熟悉公司的业务，还学习了一门外语。每当同事们邀请她参加集体活动时，她总是摆手拒绝。可是不久之后，她发现公司的同事对她不太热情了，每当她向同事请教什么问题时，他们总是爱搭不理。这让李琳感到十分苦恼。

后来，李琳就自己的问题请教了一位师姐，师姐建议她多参加团队活动，多和大家进行沟通。李琳采纳了这条建议，开始参加团队活动。她发现参加这样的活动的确拉近了自己和同事们之间的关系。在集体活动轻松的氛围下，很多平时在办公室里面不方便说、不方便问的问题也得到了解决。慢慢地，李琳发现自己和同事们的关系越来越融洽了，而且公司的前辈们也越来越乐意教她做事。

可见，参加团队活动的确是一件值得去做的事情。要知道，职场人际关系对上班族来讲是很重要的，因为只有和谐的交流，才能促进同事间的融洽合作。公司团队活动的表面意义是为了加深员工的凝聚力、团结度等，但其内在意义却是为了帮助员工找到隐藏于生活中点点滴滴细节里的潜在能力。

在参加公司团队活动时，员工往往能够自然地体现出自身全方位的素质能力。所以，初入团队，我们应当尽可能多地参加团队活动。在参加活动时，我们不妨适当地打扮一下自己，努力让自己的举止看起来优雅动人，尽可能多地展现自己的个人魅力，同时还要注意培养和同事的良好人际关系。只有这样，我们才能通过参加团队活动加速良性进程，为自己的职场生涯添加一抹亮色。

积极参加团队活动，并在其中有良好的表现，这对建立同事间的友谊、化解彼此间的矛盾至关重要。同时，这也是一次树立自身良好形象、提高自己交际能力的实际锻炼。永远要记住，行走职场，每个人都不能脱离团队而独自生存，我们一定要努力融入团队中去。

✿ 在团队中表现出自信

一个人单打独斗是无法在职场上脱颖而出的，我们必须学会团队合作，而要想成功，光有团队合作还不够，我们还要学会在团队中表现出自信的一面。唯有自信，大胆地喊出和实施自己的想法和主张，我们才能赢得别人的尊重和欣赏，才能成功维护属于自己应得的利益。

当我们在团队中表现出自信的一面时，我们就会将自己树立成一个榜样，从而起到帮助身边的同事建立起自信心的作用。我们可以通过自己的实际行动告诉每一个人，只有昂起头，挺起胸膛，在变幻莫测的职场里保持一份坚强与自信，大家都能取得成功。

职场的激烈竞争不言而喻，在变幻莫测的工作中，谁能一直陪伴你、鼓励你、帮助你呢？答案很简单，不是老板，不是同事，也不是朝夕相处的下属，更不是身边的朋友，因为每个人都有自己的事要做，他们不可能做到这一点。那么究竟是谁呢？就是你自己。只有你自己才会伴你走完人生的四季，也只有你自己才能给你足够的信心，跌倒了重新站起来，更好地迎接下一次激烈的挑战。

职场的生存环境相当复杂，在办公室里，你可能只是个没人注意的小人物，别人都很忙，根本不会注意到你的存在。这时你的自信可能是你唯一的生存法宝。有人说，此时最正确的选择是积极主动地向前迈出最关键的第一步，说出"我行，我可以"，然后尽一切努力去积极表现自己，比如主动帮助上司解决疑难问题，或者主动帮助办公室的同事，在他们遇到困难时，替他们出谋划策，解决一些实际问题。要知道，成功的机会总会留给那些敢于在团队中表现出自信和行动力的人，如果你能做到这一点，相信你很快就会融入团队中去。不仅如此，你还会变得越来越有自信，而别人也会在你的一言一行中，逐渐认识到你的存在和你独有的价值，最后对你和你的才能给予更多的信任。这样一来，你在团队中的位置就会越来越重要、越来越牢固。

总之，工作离不开自信，自信能让一个人认识到自己在哪些方面拥有显著的优势，还有哪方面的潜能正等待着自己去开发。当我们越是清楚自己的优势和潜能所在，就越能以饱满的精神去迎接每一天的开始。

我们要明白，自信很重要，虽然它不是财富，却能为我们创造财富。一个人若能拥有并保持自信，那他就具备成功的条件，在职场上更容易得到成功的机会。

某年7月，王俊涛经过应聘成功来到一家公司。王俊涛为人善良，但不爱说话，刚入职场时总是唯唯诺诺，和周围老练的同事相比，他显得很不自信。因为性格的原因，王俊涛的业绩一直没有多大起色，

团结力量 团队精神

这让他感到很苦恼，可一时半会又找不到好的解决方法。

11月，公司总部经过研究决定，打算派一名销售部经理来指导新员工的工作。新上司年轻潇洒，阅历丰富，视野开阔。一次，他找王俊涛谈话，笑着说："一看你就是个能干的小伙子，真是前途无量，我很欣赏你，更对你寄予厚望。"

没想到经理的这句话就像一剂"强心剂"，瞬间让王俊涛精神一振，心里暖暖的，整个人变得自信多了。

在接下来的公司例会上，老总积极提倡"不怕说错，就怕不说"的开会原则，鼓励员工大胆给公司高层提建议，谈自己的想法。老总让王俊涛站起来发言，并且自己带头鼓掌。在老板掌声的"刺激"下，平日里有些自卑的王俊涛，一扫平时的拘谨，站起身来开始慷慨陈词，他的精彩发言最后博得了在场所有人的掌声。

四个月后，王俊涛取得了部门销售业绩第二名的好成绩，受到了大家的一致好评，他从此信心大增。尤其值得一提的是，在他的带动下，整个部门的同事都铆足了劲开拓业绩，各个都干劲十足，充满自信。

通过这个故事，我们不难发现，一个充满自信的人总是能在工作中做出一番骄人的成就，不仅如此，他还能用自信感染团队中的每一个成员，从而使大家都自信满满地对待各自的工作，努力去解决工作中遇到的难题，为公司创造出巨大的效益。

1965年，美国通用电气公司根据杰克·韦尔奇的建议，决定投资1000万美元，建立一座诺瑞尔加工厂，但是"诺瑞尔"的市场如何，谁都无法预料。于是，在没人愿意承担风险的情况下，杰克毛遂自荐，成为这个厂的负责人。

杰克非常清楚，这将是一场艰苦的战斗，但他对诺瑞尔充满了自信，当时所有的家用器具都是用金属制造的，用塑料代替金属能使产品变得既廉价又轻便，这将产生一次材料革命。为了保险起见，杰克推销的第一站就是通用的内部企业，但他们都对这个大胆的提法将信将疑。

于是，杰克在他的工厂里用诺瑞尔制造出了电动罐头起子。他拿起起子向人们展示，让人们相信，塑料的用途远比人们想象的要多，甚至可以制造汽车车身和计算机外壳等。1968年，因为推销诺瑞尔的成功，杰克成为聚碳酸脂和诺瑞尔两种塑料制品部门的经理，后来也成为通用电气公司最年轻的一位总经理。

为了让自己的塑料事业走向成功，为了改变人们对塑料的认识，杰克用尽了各种办法，他首先让那些婴儿奶瓶、汽车、小器具用品的制造商们了解，利用塑料来制造这些东西，不但便宜、轻巧，而且更加耐用。然后他别出心裁，用一则巧妙的广告来推销自己的产品：一头野牛冲进了一家瓷器用品店，结果店里所有的东西都摔得粉身碎骨，只有塑料制品完好无损。这个广告获得了空前的成功，聚碳酸脂的使用终于引发了制造业的材料革命，美国消费者对这种比金属和玻璃优点更多的材料十分青睐，它成了世界上最为重要的塑料。杰克负责的塑料企业首次升格为一级子公司。

这次成功为杰克的事业奠定了根基。他说："我这一生中最兴奋，同时也是最值得纪念的时光,就是那段与工作小组的同事们共同努力的岁月。"

这个故事告诉我们一个道理,只有勇于在团队中表现出自己自信的一面,我们才能更好地施展出自己的能力和才华,让更多的人认可我们、信任我们。杰克·韦尔奇就是一个典型的例子,如果不是他的自信,诺瑞尔加工厂根本就建设不起来,塑料的用途也不会为人们所重视,他本人也不会登上成功的巅峰,而通用电气公司更不会因此收获巨大的利润。从某种程度上来说,杰克·韦尔奇的自信造福了他所在的团队,造福了团队中的每一个人,包括他自己。

工作中充满自信是一个人做事情成功的关键因素。试想,如果一个人连最基本的自信心都没有,还怎么得到别人的信任与尊重呢?要知道,一个人价值的体现就在于其能够得到别人的认可,所以我们必须学会在团队中展现出自信的一面,只有这样,我们才能成为一名优秀的团队成员,并最终取得事业上的成功。

要想收获成功,我们就要在团队中表现出自信心,积极主动地融入团队,与团队一起成长,实现自身的价值。

善于发现团队的文化

分析学家认为，当今市场竞争的关键是团队文化的竞争。那么，什么是团队文化呢？顾名思义，团队文化是指团队成员在相互合作的过程中，为实现各自的人生价值，并为完成团队共同目标而形成的一种潜意识文化。有分析认为，团队文化可以最大限度地统一员工的意志、规范员工的行为、凝聚员工的力量，从而为团队的总目标服务。因此，一个强大的团队，必须拥有属于它自己的团队文化。

很多企业都在积极打造自己的团队文化，提倡团队所有成员的合作意识，拒绝各行其事。在这种理论的作用下，团队合作比个人单干更能凸显成效。

美国海军总部在日常管理中制定了很多规则，其中一条就是军舰上的士兵必须每天到军舰甲板上进行俯卧撑训练，以增强体质。

在平静的海面，士兵们做这样的运动十分简单。但是，在复杂的海上经常会出现巨大风浪，船身会被风浪冲击得左摇右摆。即便是在这种情况下，士兵们还得遵照规章的要求到甲板上做俯卧撑。

有时候海风很大，船身根本不能保持平稳，这时候站在甲板上的士兵们也会随船的倾斜而站立不稳。大家为此都很苦恼。有一个聪明的军官想到了一个好方法，在做俯卧撑时，他让后排的士兵抓住前排士兵的脚腕，这样一排排的士兵就连成了一个方阵，非常稳定，像被贴在甲板上的贴纸一样。刚开始大家还不熟悉，但是很快就接受了。后来，这种办法被更多军舰上的士兵广为采用。

这个故事告诉我们，在一个团队里，每个人都要互相协作，不能单打独斗，只有这样才能形成一股强大的力量，达到一致的目标。不难发现，这股强大的力量就是我们所说的团队文化。

团队文化对一个团队来说非常重要，是一个团队的灵魂。拥有良好的团队文化，团队才能发展，才能成长。

经济学家认为，树立一个品牌其实就是企业给了大众一个承诺，它反映出企业的核心理念，能让消费者相信该品牌旗下的商品。很显然，员工是企业品牌承诺的践行，所以员工要按组织的价值观念和文化理念来赢取客户的信任，以便保持企业的诚信度。

其实，团队文化的含义，就是一群人的共同价值观和道德理念的反映。如果团队人员总是各干各的，彼此间不能有效开展合作，那必然会遭遇惨败。所以，一个团队只有有了团队文化，才能在激烈的竞争中取胜，才能时刻充满着活力。同理，身为团队中的一员，我们只有善于发现和认同团队的文化，才有可能迅速成为团队的一员，和团队一起成长，一起创造工作的价值。

团队的力量是非常大的，要想成功，就必须依靠团队。如果彼此各自为政终是一盘散沙，不会成就任何事业。如果团队中的成员只考虑自己的工作，而不去注意别人的感受，很可能会因合作不善而出现问题。对于一个公司而言，这样的损失是巨大的，对团队文化的培育和形成将是灭顶之灾。

在21世纪初，日本企业的高效率备受人们关注。经济学家分析发现，日本人推崇团队效能而不鼓励单独表演，这种独特的团队文化历来被认为是日本经济发展的重要力量。分析家认为，日本团队文化的主要内容是和谐、团结与奋斗。在具体企业管理中，实行这种精神的前提是保持高度和谐的人际关系、密切合作的工作环境和在经营决策过程中表现出的集体一致性。上司要使所有员工都明确自己的奋斗目标，将自己的奋斗目标和团体的奋斗目标保持连贯，把个人的精神转化为团体的精神。

想要有团队文化，这就要求团队成员不断提高自己的素质，保持团队的集体性。团队在文化建设上不能墨守成规，要有创新性，并能对社会变革做出迅速反应。团队文化要能够体现平等原则，这样的氛围可以使成员畅所欲言，能够从不同角度提出不同的建议和策略，使决策更加全面、合理、实际，使沟通更加便捷。

古人云："三个臭皮匠，顶个诸葛亮"。这句话告诉我们，行走职场，我们要善于发现团队文化的闪光点，并加以合理运用，如此一来，就会起到"1+1>2"的效果。要知道，那些在工作中一意孤行，不愿与别人协同合作的人，是很难取得成功的。

综上所述，我们每一个人在初入团队时，首先要想到的就是努力发现团队的文化,然后竭尽全力让自己向这种文化靠齐,不断提高自己的团队意识,培养自己和团队成员间的合作精神。只有这样,我们才能和团队一起飞速成长,才能和其他团队成员一起实现各自的人生价值,共铸事业的辉煌。

在团队中幽默一点

在一个团队中,人们需要幽默带来的快乐来调节乏味的工作。我们都知道,幽默的人会给团队带来快乐,给工作带来激情。例如商业界的CEO们,常运用幽默的言语来改变他们的形象,改善别人对整个企业的看法。特别是部门负责人和职业经理人,在员工的聘选与训练上,也常常向幽默求助。

有一次,国外上百家大公司的行政经理们聚在一起,准备参加一项商业调查。这项调查由一家专业咨询公司的总裁主持。他对此很重视,并作了深入的研究。研究结果发现,有97%的主管坚信,幽默在职场中具有巨大意义;而有60%的人则相信:"幽默感能影响一个人的事业。"

《芝加哥论坛报》的专栏作家罗贝尔特,看到这项调查后,陆续访问了参与调查的几位经理人。后来，他整理出几位高级经理人的意见，得出了一个结论：幽默感对于企业主管是非常有必要的。

"幽默感是表现一个主管是否具有活泼、弹性心态的重要指标，"罗贝尔特说，"我们同时也可以看出，具有幽默感的人通常会把自己看得很轻，而且能很快做出好的决策。"

罗贝尔特研究发现，有一家公司的老板，以营造和谐的工作环境来创造自己的幽默感。

"这是一个基本工作思路，"罗贝尔特说，"你要能做一些自己引以为乐的事情，如果做到了这些，那你一定是个好老板。"

心理学家研究发现，幽默被用于工作中的交流，慢慢有了增长的趋势。著名幽默家欧尔本创办了幽默服务体系，他通过大量研究发现，近十年来，他的客户群体有了很大的变化，企业家愈来愈多，不再像以前，以餐饮业、教育家等为主要对象。

那么，对于一个普通职员来说，幽默对他的工作有什么意义呢？

管理学家赫斯特在一家有众多连锁餐厅的大公司里任高级主管，他将幽默列为职员必备的条件之一。他说："尤其是那些在一线接待客人的职员，幽默更加重要，甚至能影响顾客对餐厅的整体印象。"所以，他建议在职员的聘任上，公司要积极留住那些富有幽默感的人。

很多企业领导希望自己在员工眼中的形象更人性化一些，办法只有一个，那就是保持自己的幽默感，鼓励大家和自己一起笑。

在我们的工作中，幽默的作用很明显。幽默能变成一种强大的动力，带领我们去了解、影响并激励团队中的人，同时也能让我们彻底了解并接受自己。

除了家里之外，办公室是占用我们最多时间的地方。在办公室，人际关系难免受到外部环境的影响，团队成员间经常存在着微妙的心理，这无疑时刻考验着我们的忍耐力与交际能力。

麦克·阿里斯特从哈佛大学毕业后，顺利进入一家航空公司，做了主管工程师。有一次，麦克被派去参加公司高层会议，和老总们讨论要不要将新型喷气式发动机装在超期服役的飞机上。

会议时间到了，几位工程师谁也不让谁，争论非常激烈。一时间，会议陷入了僵局。董事会主席只好出面打破了这种沉闷的气氛，他站起来大声说道："这些老飞机破旧不堪，就像一个个老人，为它们装上新发动机就好像为这些老人做整容手术，虽然很昂贵，但是这些老人一定会觉得很开心。"

听了主席的笑话，在场的人都笑了，思绪也随着笑声而更加敏捷。

心理学家研究发现，一个人的幽默能够帮助人们解决工作中的难题，正如上面故事中的董事会主席，如果不是那几句幽默的发言，他不可能在短时间内打破会议的僵局，从而成功地化解团队成员间的矛盾，保证团队工作的顺利进行。其实，我们在工作中，常常会碰到一些难以解决的问题，这个时候如果一意孤行，势必很难解决问题，而适当的幽默则能让问题得到缓和，更容易解决。

在国外，有一家服务于航空公司的统计公司，按照工作要求，他们每年要向飞行员通报飞机性能的标准。这家公司的工作人员担心飞行员不会看他们制作的统计图表，甚至怀疑个别飞行员根本就不了解图表的含义。

为了解决这个问题，公司特地派了麦克姆来处理此事。麦克姆灵机一动，在曲线的一端画上大大的太阳，表示性能良好，而曲线的另一端则画阴雨表示性能差。没想到，航空公司的飞行员对他的这个方法非常感兴趣，因而特别注意他的讲解，逐渐从这些统计表图中学到了很多必要的知识，而麦克姆也顺利完成了自己的任务。

不难发现，一个人的幽默不仅能有效地解决工作上的困难，而且还能改善工作中自己与同事之间的合作关系。可以说，幽默对于一个人的事业成功是必不可少的。相信很多人都有过这样的经历，有时你做错了事情，如果正儿八经地向别人解释，上司或同事可能很难谅解。这个时候，如果打开心扉，用幽默的语言去解释，可能会收到意想不到的效果。

例如，你起床晚了，上班迟到了，这时候用什么方法来给自己解围呢？如果你此时说："哎！今天早上好惨，昨晚忙公事，今天太困了，坐公交竟然睡过了站。"很可能会得到老板的原谅。

张颖在一家餐饮公司工作。公司的雷总对下属非常严厉，公司员工背地里都叫他"雷公"。

有一次，张颖从外面回来，走到办公室门前，看到雷总的位子空空如也，以为他不在，就对同事大声说："今天'雷公'不在吗？"

可是她说完就后悔了，因为她发现在屏风的另一边，雷总正在与客户谈生意。显然雷总听到了张颖刚才说的话。张颖大气都不敢出，以为大祸临头，等待处罚。客户走后，张颖低着头来到了雷总面前，惊恐地向老板道歉。没想到雷总微笑着说："你们的'雷公'今天不会响。"

张颖听到了这句话，心里瞬间舒坦了。从此，她再也不敢叫老板的外号了。

通过这个案例，我们可以发现，上司在批评下属时，最好在言语中带有幽默感，面带笑容地说出来，这样不仅保住了对方的面子，还能达到警示的效果。

办公室需要活跃的气氛，如果我们常给人们带来笑声，那么我们肯定可以得到同事们的拥戴。当然，除了必要的幽默外，我们也可以用俏皮话与同事开玩笑，这样也能在别人面前帮助自己树立幽默风趣、诙谐潇洒的工作形象，从而创造出属于自己的工作环境。

幽默在工作中是无处不在的。如果我们的工作中多一些笑声、少一些冷漠，那该是多么令人开心的事情啊！

有心理学家研究发现，幽默是一种特殊的情绪表现。从理论说它是人们适应环境的工具，是人类面临困境时减轻精神和心理压力的方法之一。文学家契诃夫说过："不懂得开玩笑的人，是没有希望的人。"可见，生活中的每个人都应当学会幽默，掌握幽默的技巧，做人就应该如此，多一点幽默感，少一点冷漠严峻。

世界上很多事情都是有规律的，只是看你能不能发现这些规律，并且合理地运用这些规律。工作中的幽默也一样，只要你善于去发现、去总结，就能找出幽默的规律，并加以运用和实践，久而久之，你也可以成为一个幽默的人。

很多人都知道，在工作中，幽默能给我们平淡无奇的快节奏生活增添快乐，让生活丰富多彩。因此很多人喜欢幽默，竭尽全力想让自己幽默一些，可问题是如何才能做到幽默呢？这就要求我们要善于对幽默的规律进行研究，研究好后加以合理利用即可。

工作不一定都顺利，总会有使人感到困难的时期。面对艰难的情况，如果你自始至终愁眉苦脸，没有幽默感，是找不到解决办法的。相反，如果你对生活大笑，用幽默化解困境，你会更容易找到解决问题的办法。

在某地，一名年轻人刚买的摩托车被货车撞坏了，幸好人没有大碍。他一边查看被撞的摩托车，一边对围观的人道："倒霉啊，我曾经说，有一天能有一辆摩托车就好了，现在我真有了一辆车，而且真的只有一天。"周围的人听后都情不自禁地哈哈大笑起来，一致夸赞这个人的幽默。

通过这个故事，我们可以看到，这个年轻人深知自己的车被撞坏已无可挽回，即使再伤心、再难过，也无济于事。所以，他并没有把车祸看得很重，而是依靠自己幽默的语言来减轻自身的痛苦和不幸。没想到，他的幽默还顺带给周围的人带来了笑声。

心理学家研究发现，一个人的笑声是最有效的心情舒缓剂之一，是人体能散发出来的具有高能量的情绪。心理学家还发现，笑声不仅可以抑制焦虑，调节自我的压力，甚至还有治疗某些疑难疾病的能力。大笑的作用好比慢跑，可以增强呼吸，帮助体内的氧化作用，松弛紧绷的肌肉，缓和上升的血压。笑一笑，十年少。谁都知道开心的笑能医治心灵的疾患，但首先你必须是个会笑的人。

幽默感也是可以培养的，那我们该怎么做呢？一方面，这要求你别太拿自己当回事，正确地看待自己。在工作中，有的人急功近利，不切实际，对自己评价过高，过于在意别人对自己的看法，最后导致不愿与别人交流、封闭自己、不主动理解别人等情况出现。很多人总是听风便是风，听雨便是雨，不能与人交流沟通，这样根本无法真正享受幽默带来的快乐。所以，我们要正确地认识自我，经常保持快乐的心情，多做一些使自己快乐的事情，积极与人交流。另一方面，要多读书，多观察，多总结，还要多看喜剧节目，多听相声笑话，只有这样，你才能慢慢变得幽默。

当然，我们在这里所说的幽默并不是指油腔滑调，嘻皮笑脸，这里的幽默是一个人智慧的综合表现。总之，我们初入团队，要想迅速融入进去，被大伙儿所接纳和喜爱，就必须试着让自己更幽默一点，只有这样，我们的工作才能越来越顺利，我们与同事间的关系才会越来越融洽。

第四章
团结一心，增强团队凝聚力

团结协作是一切事业成功的基础，团队中的每个人都为了共同的目标而奋斗，只有这样才能形成强大的合力。如果缺少团队精神，搞个人主义，处处抬高个人，贬低他人，就会挫伤团队的凝聚力，团队整体的竞争力也会大打折扣。团队精神关乎团队命运，我们在职场中的每个人都要培养自己的团队精神，做到团结一致，为团队的发展贡献力量。

第四章 团结一心，增强团队凝聚力

✱ 团结协作的价值

一滴水怎样才能不干涸？很简单，把它放到大海里就不会干涸了。一个人如果不能很好地融入团队，就会像离开大海的水一样迅速"干涸"；只有全身心地融入团队中，让自己成为团队的一分子，才能有所成就。

在工作中，我们会遇到很多优秀的人，他们拥有过人的天赋和才华，在自己的领域做出了别人难以达到的成绩。在平常人眼里，他们是"完美"的。然而，很多时候，他们的"完美"反而会成为所在团队的累赘。

在团队中，个人的能力强固然很好，但如果他不能融入团队依然无法取得成就。一支球队取得胜利的关键因素很多，但最重要的还是在于成员之间的配合和默契，而不是一两个所谓的"明星"球员来力挽狂澜；一个团队如果想要走得更长远，就一定要注重成员之间的合作，而不是只突出某一个成员的才华和技巧。因此，作为团队的成员，我们要有大局意识，要具有团队精神，从而更好地服务于整个团队。

随着社会的发展，人们越来越看重团队合作。在各种不同的工作中，每一个人都扮演着不同的角色，这时候，学会与他人合作自然而然就成为每一个员工必备的工作素质。当今社会，越来越多的企业把是否具有团队协作精神作为引进人才的重要准则。工作能力是否突出，是否具备团队合作意识，已经成为当前公司急需的人才。

一位贸易公司的董事长在一次例会上讲了这样一个故事：公司之前有一名员工，博士学历，工作能力突出，按照他的才能，早就应该晋升到经理职位了。可让人不可思议的是，五年过去了，这个人还是在原地踏步，在业务员的岗位上混日子。基本有些能力比他差的人都得到了提拔，而他却没有。

究其原因，原来是这位员工的个性惹的祸。他做事喜欢独来独往，从来不和别人合作，没有一点团队意识。当同事需要他帮忙时，他也很少伸出援手。

可怕的是，这个人并没有意识到自己的问题，反而认为自己的才能没有得到老板的重视，十分愤懑。终于有一天，老板忍无可忍，决定辞退他。此人听到消息后不解地问："老板，你把我开除了难道不是公司的损失吗？"

老总笑了笑回答说："我很心痛，因为我将失去你这样一个有能力的人，但是几年下来，你的才能并没有得到最大限度的发挥，我们的团队也用不上你这样的人，所以只能把你开除了。"

通过这个故事，我们很容易看出，这位员工之所以没有得到重用，不是因为他没有能力，而是因为他不懂得团队协作，不懂得让自己成为团队的一部分，整天单打独斗。现在的企业都很重视团队的整体实力。当老板发现一个人的所作所为影响整个团队时，即使他再优秀，老板也会毫不留情地让他离开。

社会发展越来越快，人们越来越重视团队合作。一个团队的发展，与团队中的每一个人都有着千丝万缕的联系。一个人的成功，其背后离不开团队的付出；而团队的成功，也是全体成员共同努力的结果。

社会越来越激烈，竞争已经达到了白热化的程度。我们可以想象一下，一个人如果缺乏团队精神，势必会被社会淘汰，更不用提在工作中发挥出自己的优势了。有人说，抛弃了团队精神，就意味着抛弃了更好的工作机遇。

在工作中，没有你我，只有我们。只有所有人都向着同一个目标前进，心往一处想，劲往一处使，才能实现团队的目标，自己与团队的距离也才会拉近。当团队收获了荣誉和成就，我们也会收获成功。

有一次，某个城市举行了一场艺术品拍卖会。现场人头攒动，热闹非凡。幽默的拍卖师拿出一把小提琴当众宣布："这把小提琴的拍卖起价是一美元。"还没等他宣布开始竞价，一位白发苍苍的老者走上台来，只见他拿起小提琴演奏起来。他精湛的技艺，让在场的每一个人都陶醉其中。

老人演奏完，把小提琴放回了琴盒中，走下台去。这时，拍卖师立即宣布这把小提琴的起拍价改为1000美元。正式拍卖中，这把小提琴的价格不断上涨，从2000美元、5000美元，到9000美元、10000美元，最后这把小提琴以10000美元的价格被成功拍卖出去。

很多人都想不明白，同样的一把小提琴为什么会有这么大的价格差异呢？细心的人会发现，是演奏者与琴合作的力量使这把小提琴实现了它的价值。

如果我们只强调个人的力量，而忽略了团队的力量，那是很难实现自己的价值的。有人说"没有完美的个人，只有完美的团队"，说的就是团队的重要性。

在2004年雅典奥运会上，中国女排在冠军争夺赛中的胜利恰恰证明了团队团结协作的力量。

2004年8月11日那天，意大利专家卡尔罗在观看中国女排训练后认为，中国队在奥运会上能否成功，主要取决于赵蕊蕊的表现。可在奥运会开始后，赵蕊蕊因腿伤复发，无法上场。摆在中国女排面前的困难已经很明显，她们只好硬着头皮拼了。很不幸，在小组赛中，中国队还是输给了古巴队。此时，国内球迷对女排夺冠似乎也不抱太大希望了。

然而，在与俄罗斯争夺冠军的决赛中，身高仅1.82米的张越红一记重扣越过了2.02米的加莫娃的头顶，将球砸在地板上，宣告这场历时2小时19分钟的比赛结束，中国队成功夺冠。

女排夺冠后，中国女排主教练陈忠和放声痛哭了两次。

那么，中国女排凭借什么战胜了俄罗斯队呢？陈忠和赛后对记者说："我们没有绝对的实力去战胜对手，只能靠团队精神，靠拼搏精神去赢得胜利。用两个字来概括队员们能够反败为胜的原因，那就是合作。"

一个人再完美、再优秀，也终究是一滴水而已，而一个团队则是浩瀚的海洋。每个人都不是完美的，或多或少都有做不了的事情，但是在大家的齐心协力下，弥补不足，取长补短，必定能成功。

同心山成玉，协力土变金。成功需要一个团队的共同努力。一个企业，如果组织涣散，大家都不团结，那怎么能发展？如果是在一个缺乏团队精神的环境里，个人再有才华，再有智慧，也不可能得到施展！所以，只有懂得团队协作的人，才能够取得成功。

❈ 团结共进需要彼此的分享

有人说，职场犹如一张大网，而我们每个人只不过是其中的一个"结"而已。如果你和很多的"结"建立了紧密的联系，你就能四通八达，你的人脉关系也会越来越广阔。

那么，如何与别人建立有效的联系呢？答案很明显，是分享。

分享是一个很简单的过程，有人认为它是一种思想上的放松。如果一个人愿意把自己所拥有的东西给予别人，并为此感到快乐，这就是分享。有学者认为，分享在短时间内对自己是一种损失，但从长远来看，分享是一种潜在的收获。古人也说过："独乐乐，不如众乐乐。"我们的人生不是独角戏，无论是快乐还是痛苦，都需要与别人来分享。分享是情感的沟通、心灵的给予、共同的拥有。

在职场中，与人分享更为重要。我们发现，人缘不好的人一般都有一个坏毛病，就是不愿意把自己的收获与别人分享，甚至自以为是，看谁都不顺眼。这样的人多么可悲啊！作为社会中的个体，你必须知道，你不可能一个人完成所有工作。

张婕曾在某大型集团的公关部工作过，口才很好，后来到沿海一家外贸公司做文员。来到新公司上班之后，张婕最喜欢在中午吃饭的时间与大家分享自己见过的奇闻轶事。张婕精彩绝伦的讲述令同事们哈哈大笑，减轻了大家的工作压力。她也在不知不觉中为自己树立了见多识广的良好形象。

来公司一段时间后，由于张婕喜欢分享，办公室围着她的人越来越多。慢慢地，她的话在同事之间有了一定的影响力和威信。

一个懂得分享的人，是幸福的人，因为这样的人身上有一种特殊的力量。懂得分享会让你快速融入团队，你的分享将会让更多的朋友围绕在你身边。

在一个团队中，分享应该成为平时工作的一个常态，从最初的分享目标，到最终目标实现后的分享成果。

分享需贯穿始终，这其实是一种特殊的团队沟通方式，不同于管理者对员工一对一或者一对多的沟通，而是团队成员之间多对多的沟通方式。

分享让团队内部的资源充分得到共享，让每一个人心中都怀着对这个集体的深厚感情和美好愿望，并积极地为共同的辉煌未来而努力。

如果你还在团队中封闭自己，你的同事还处在一种"自扫门前雪"的状态，你还保守地认为员工只需要知道他们所干的活就行了，那么你有必要从今天起，就寻求改变。

从团队角度来说，团队管理者需要分享目标和愿景，让你的下属清晰明确地知道自己要往哪里走；分享决策，让你的员工了解团队的工作重心；分享信息，让团队内部的指令迅速下达，问题及时发现，冲突及时解决，你和员工们都能感受到一种令人愉悦的"透明"的团队环境；分享工作方法和经验，让你的员工更加优秀，更加熟练而完美地完成工作；分享成果，举行必要的庆祝，并让你的每一个下属都能收获从成果中取得的"蜂蜜"，让你的团队成员一起享受成果带来的快乐。

在所有的分享当中，成果的分享无疑是最激动人心的。一起努力了很久，终于实现了目标，公司获得了收益，如果与此同时，个人的腰包也跟着鼓起来，想必是一件让员工非常欢欣鼓舞的事。

许多著名的企业都制定了利益共享的措施，企业的利益由员工和企业共同分享。美国的"汽车大王"亨利·福特就在他的公司内部实施了利益共享的制度。

1908年，福特汽车公司制造的T型汽车成为最受美国人欢迎的车型，也成为真正属于普通人的汽车。在1909-1914年，福特汽车始终保持着它的旺盛销售形势。亨利·福特并没有趁机涨价大赚一笔，而是信守着他的商业宗旨——薄利多销总比少卖多赚好得多，不让消费者失望。

在向消费者让利的同时，亨利·福特也和他的员工们分享着企业的成功。福特公司开创了世界工业史上从来没有过的在工人报酬方面的意义重大的变革。

亨利·福特曾主动提出将工人的工资比原来增加一倍，而且凡年满22岁的工人都可以享受公司利润中的分成，如果工人有家属需要抚养，即使没有年满22岁也可以享受这一待遇。正是凭借这样的利益共享措施，使得福特汽车公司的员工得到了极大的激励，提高了工作效率，从而也推动了企业的发展。

这些案例给我们管理者的重要启示就是：一个乐于分享的团队一定是一个具备高效率的团队。

其实，在团队当中，除了目标分享、成果分享之外，我们还有许多东西是可以拿出来分享的。比如说荣誉感，当我们与他人一起做好了某一件事时，所受的嘉奖应当同我们的伙伴分享。这样的话，小团队中也能够形成一种融洽的氛围。还有诸如知识、经验等内容，我们都可以用来分享。

一个好的团队一定是懂得借助分享来促进团队共进的。而作为团队中的一分子，我们也可以利用分享让自己和团队进一步融合，让整个团队形成一种密不可分的吸引力，并形成强大的凝聚力。

分享是团队的黏合剂和助推剂。如果我们每个人都能够学会在团队中分享彼此的经验、成就、荣耀、利益，那么这个团队就能够得到共同进步、分享是一种无私，同样也是一种良好的职业素养。

学会赞美你的同事

在职场中，很多人都会遇到不如意的事，比如老板的批评、渴望升职涨工资却总是遥遥无期……这些乱七八糟的事情有时会让我们觉得工作是那么不顺心。然而，也有很多人在自己的工作中找到了属于自己的快乐。

研究发现，如果你和你的同事之间相处久了，就会忽略对方的优点，反倒对彼此间的缺点很感兴趣。所以，我们千万要注意，避免让自己陷入这种只看缺点的情况当中。人是感性动物，在工作中都期待别人的注意和重视。

假如每天上班，你的同事这样对你说：

"你怎么把衣服搭配得这么好看啊。"

"我觉得你很适合古典风格的衣服。"

"你的新发型很漂亮，很适合你的气质，让人感觉很舒服。"

如果是你听了这些话，心情肯定会很好。心理学家从社会学的角度研究发现，赞美是一种有效的沟通方式。心理学家威廉·詹姆士指出："渴望被别人赏识是人最基本的天性。"马斯洛的需求层次理论也指出，人在实现温饱之后，最希望得到的就是"自我实现"。可见，喜欢被赞美是人的天性。每当听到别人赞美自己的优点，人们就会觉得自己得到了别人的认可。

除此之外，心理学家还发现，人在被赞美时心理上会产生一种"行为塑造"，并且这种塑造有心理强化的作用，会不断鼓励自己向着某个更好的方向发展，最后真正具备人们口中的某些优点。正是在这种自我塑造的过程中，我们产生了一种不断前行的力量。赞美他人，是我们在工作中经常会碰到的情况。要建立良好的人际关系，恰当地赞美别人是必不可少的。事实上，我们每个人都希望自己的工作或所取得的成果受到别人的赞美。

有这样一句话："促使人们自身能力发展到极限的最好办法就是赞赏和鼓励。"所以，如果我们想处理好与同事之间的关系，就要善于发现别人的长处，多赞美别人，多看到别人好的一面。

不难发现，人类渴望赞美是深藏于每个人心中的一种基本需要。每个人都有自己的优点，只有积极赞美别人，才是你建立和保持良好同事关系的最佳路线。

刘明为人诚恳，老实本分，对待工作认真负责，可是他的学历较低。虽然他工作很努力，但是却一直没有得到提拔。因此，他很烦恼，心里也很不平衡。

不久，办公室来了一位新主任，可刘明却一点也不喜欢这位新主任。因为他觉得不公平，自己工作那么努力，结果还是原地踏步。

在他看来，主任的位子应该是他的。就这样，刘明带着怨气和不满，开始对新主任敬而远之，除非有工作方面的需要，他平时是不会与主任说话的。

随着时间的推移，他们两个人慢慢产生了一种很强烈的对抗情绪。在公司会议上，他们经常因为某个观点闹得不可开交。老板问刘明怎么回事，刘明振振有词地说新来的主任太骄傲。没办法，老板只好把刘明调到了别的部门，免得他跟新主任再起冲突。

其实，刘明作为下属，完全可以和主任搞好关系。比如适当地称赞他，经常向他请教一些问题。这样容易使自己从低学历的阴影中摆脱出来，产生自信心，也有利于工作开展。

从现在开始改变自己吧。如果你发现中午的工作餐有一道好菜时，不要忘记夸赞这道菜做得不错，并且让食堂师傅知道；如果你发现一位同事的项目完成得很顺利，不要忘记赞美他勤奋努力的工作态度。虽然这些都是简单的话语，但是却能改变一个人。

同事之间的关系其实没有那么复杂，如果我们足够用心，就能够处理得很好。

在团队中，我们不要光想着自己的成就、功劳，多想想别人的付出。我们要善于发现别人的优点，真诚地赞美他们。

但是，话又说回来，赞美也不能没有原则。如果我们一味奉承，那就是拍马屁。所以，赞美别人要有分寸，要有真情实感，要从内心出发。只有这样，别人才能感受到真诚。

人与人之间的相处并没有什么捷径可言，最重要的还是心与心之间的靠近。团队关系的融洽需要我们多用一些心，学会欣赏身边的人，学会赞美他们，我们将会收获更多。

在工作中，学会赞美你的同事吧，这会让你的工作顺利进行，而你在人际关系上也将有意想不到的收获。

❋ 用正能量点燃身边的人

当命运之神把人抛入低谷时，也是一个人实现腾飞的最佳机遇。

人的一生并不会一帆风顺，总会有这样那样的坎坷困难。作家二月河曾说："人生好比一口大锅，当你走到锅底时，只要肯努力，无论朝哪个方向，都是向上的。"当你遭遇困难时，不要灰心，要坚强，告诉自己：我能行。

当我们在失败的谷底时，要坚信，一件事情坏到最后，肯定会慢慢变好。既然已经坏得不能再坏了，何不咬咬牙撑下去呢？

有分析指出：成功的人和失败的人在技术、能力和智慧上的差别通常并不大。如果两个人各方面条件都差不多，拥有热情和毅力的人将更容易取得成功。因为从某种程度上说，充满正能量的工作热情比能力更重要。

有些人很有才华，在某个方面的专业知识让别人望尘莫及，但是他们的工作却没有一点成绩。

为什么出现这种情况？原因就是别人有正能量。

在现实生活中，很多人满怀希望地参加工作，结果参加工作后却对工作环境感到失望，对同事之间的竞争感到失望。工作中的琐事接踵而至，搞得自己晕头转向。

巨大的生存压力让他们在失望之后，变得无精打采、毫无斗志，使自己的职业生涯遭受到毁灭性打击。当他们在职场中遇到挫折和失败的时候，总是从外界找借口来为自己开脱。他们很少审视自己，没有认识到无精打采的上班、磨磨蹭蹭的工作是一种负能量的表现。殊不知，正是这种负能量使自己与成功背道而驰。

正能量对于一个人来说是十分重要的。此外，正能量还能影响到我们身边的人。

一个人的情绪对他人的影响是显而易见的。当一个团队中人人都是一副死气沉沉的样子时，那么这个团队便很难有重燃斗志的机会。但假如一个团队当中能有那么几个人时刻保持斗志昂扬，那么就很容易带动他人的情绪，调动整个团队的积极性。

赵辉是一家房地产中介公司的门店经理。2018年，他大学毕业后进入了这家房地产中介公司。他所在的片区有好几家同类型的中介公司，因此他们公司的业务一直不温不火。在这种情况下，整个团队，上至门店经理，下至普通业务员都没有一丝斗志。在他入职的前几天，他经常听到几个前辈说："这里没有搞下去的必要了，有更好的公司就跳槽吧，没更好的就先混日子吧！"

第四章　团结一心，增强团队凝聚力

在这种情况下，赵辉看到了严重的危机，他认为这个团队如果一直这样下去，迟早会崩溃。

于是，他决定先从自己开始，让这个团队能够有一些改变。

赵辉从上班的第一天开始就没有迟到过，别的同事嫌穿西装麻烦，他却仍然坚持每天穿西装上班，因为他认为这样能够给门店带来好的形象。在面对任何一个客户的时候，不管成功的概率有多大，他都会全力以赴。

渐渐地，赵辉的业务量多起来了。更令人称奇的是，他身边的人受到他的影响，也开始变得有干劲了，以前经常迟到的现在也不迟到了，以前漫不经心的现在也开始认真起来了。

两年之后，赵辉就当上了这家门店的经理，而且他的团队逐渐摆脱了以前的困境，业务量开始成倍增长。

从这个案例中我们可以看出，一个人身上的正能量是能够影响到整个团队的。

如果我们往大一点说还能够发现，一个人身上的正能量甚至还能影响到一个国家。

罗斯福从小就是一个其貌不扬，并且还患有严重哮喘病的男孩，他说话总是含混不清，几乎没有人能听懂他在说些什么。然而，就是这样的一个饱受命运折磨的男孩，后来竟然成为美国总统。

不少人曾好奇地问过："您成功的秘诀是什么？"罗斯福总是微笑着说道："不抱怨，多努力。"简简单单的六个字，却有着一股穿透人心的力量。

　　天生的缺陷并没有让罗斯福变得自怨自艾，消极悲观，反而成就了他自强不息的奋斗精神。经过长期的锻炼，他不仅战胜了气喘的毛病，而且还成功地拥有了一副健壮的好体魄。更让人觉得不可思议的是，以前口齿不清的他，最终通过自己的刻苦锻炼，练就了好口才。不仅如此，他还积极参加各种社会活动，其社交能力在短时间内更是突飞猛进。

　　上大学之后，他常常利用假期，独自到洛杉矶去捕熊，到亚历山大去逐牛，到非洲去捉狮子。这些不同寻常的经历都让他变得日渐强壮和勇敢，同时更为他以后成功竞选总统奠定了坚实的基础。

　　然而，厄运之神并没有因此放过罗斯福，中年的他又患上了小儿麻痹症。尽管被迫坐在了轮椅上，可他依然自信和坚强，他一点也不相信这种病能够击倒一个像他这样的堂堂男子汉。而他的这种自强不息的精神也感染了整整一代美国人。

　　一个拥有正能量的人能够带动整个团队的氛围。纵观那些成功人士的创业团队，我们发现都有这样一个"团队打气机"存在。马云在创办阿里巴巴的时候，经常给他的"十八罗汉"做演讲，他的每一次演讲都能够让团队中那些失去信心的人重燃斗志，并鼓足最大的劲头再次参与到工作当中来。

　　拥有正能量的人，会时时刻刻对生活充满乐观。因为这样的人知道生活不容易，所以更加珍惜。当快乐来临时，他们会尽情享受；当烦恼侵袭时，他们就静下心来努力解决问题。无论多么困难，他们都相信正能量，如果无法改变，那么就平静地接受。他们的这种精神能够感染身边的每一个人。

无论是生活还是工作，都离不开正能量。研究发现，每个人的身体中都潜藏着巨大的正能量，只不过我们没有发现它。负能量是迷路的正能量，我们需要疏导自己的负能量，找回自己的正能量，并让正能量给我们自己和身边的人带来改变。

从此刻起，就让我们都成为拥有正能量的人吧！让正能量无处不在，让负能量没有藏身之处！

帮助同事，就是帮助自己

在工作中，我们不会一直顺风顺水。一个人肯定会遇到这样或那样的困难，但无论如何，我们都应该铭记这样一句话：搬开别人脚下的绊脚石，有时恰恰是为自己铺路——帮助朋友就是帮助自己。

帮助别人，快乐自己。在激烈的企业竞争中，更需要愿意帮助别人的员工。如果你是这样的员工，那么老板一定会很喜欢你。

战斗打响了，疲惫不堪的连长忽然发现一架敌机正迅速向阵地俯冲下来。通常发现敌机要立刻卧倒，可连长并没有这样做，因为他发现离自己不远处有一个小战士还站在那里,他虽然被吓坏了。

连长没有想那么多,立刻向小战士飞奔过去,瞬间将他压在了身下。令人不可思议的是,就在连长刚刚站立的地方,一声巨响,飞机扔下的炸弹爆炸了。

连长惊呆了,刚才自己所在的那个位置被炸成了一个大坑。

这个小战士是幸运的,因为他遇到了一个爱护自己的军官。但更加幸运的是故事中的连长,因为他在帮助别人的同时也拯救了自己的生命。

工作中要与同事并肩作战,互相帮助,只有这样,才能提高团队效率。

徐龙大学毕业后进入一家电子公司上班。刚来上班时,他显得很谦虚,工作也很热情,办公室的人都很喜欢他。

有一次,同事请他帮忙整理一些程序,徐龙虽然表现得比较热情,但他觉得每个人的工作都是有分工的,自己没有义务去帮助他人,于是就拒绝了。

同事见徐龙拒绝,也就没有再多说什么,但是后面的事情是大家谁都没想到的。这位遇到困难的同事一个人硬着头皮做完事情之后,出现了很严重的纰漏,老板一气之下扣了他们整个部门所有人当月的奖金。

帮助同事就是帮助自己,这话一点不假。但在当今社会,随着竞争的越来越激烈，同事之间的关系十分微妙，就个人利益而言是竞争关系，就工作而言则是一种协作关系。

这种竞争与合作的关系就如同人的手心手背一样，谁也离不开谁。所以，我们要合理运用这两种关系，仔细考虑这两种关系的联系，绝不能只竞争不合作。

如果一个人在工作中经常帮助自己的同事，那么他就会获得同事的好感。《论语·颜渊》中说："君子成人之美。""成人之美"的意思就是帮助别人实现其愿望，这样的话，当你遇到困难需要帮助时，别人也会帮助你。

试想，如果和你联系紧密的同事的工作环节出了差错，那你的工作也必定受到影响。虽然这种影响相对较小，但也不容忽视。所以，当同事遇到困难时，我们要努力帮助同事，为他们排忧解难，因为帮助同事就是帮助自己。

当然，在工作中，我们也要结合实际情况来帮助同事，不能太过勉强自己，要在自己的能力范围之内去行事。如果不这样的话，我们有可能会给彼此的工作造成不必要的损失。

爱默生说："人生最美丽的补偿之一，就是人们真诚地帮助别人之后，同时也帮助了自己。"所以，我们要帮助别人，为别人着想。如果团队中的每一个人都能够做到这一点，那么我们就可以说这个团队已经具备了成功的初步条件。

✤ 信任是团队发展的基础

有人说，现代社会虚假的东西太多。但在一个拥有阳光心态的人眼中，尽管有一些虚假，他们也不会忽略信任的价值。

心理学家认为：信任是一种心理状态。在这种心理状态下，首先，信任者愿意处于一种脆弱地位，这种地位有可能导致被信任者伤害自己；其次，信任者对被信任者抱有正面期待，认为被信任者不会伤害自己。简单来说，就是信任来源于对对方不采取机会主义和失德行为的信心。与其说是信心，不如说是赌注，没有人知道，别人会不会利用我们的信任来伤害我们。

《西游记》中"三打白骨精"的故事中，我们可以看出，信任对于一个团队有多么重要。孙悟空一心一意想要保着唐僧上西天取经，但却屡屡不被信任，最终落魄离队，让取经道路更加艰难。而之后的故事就更好地说明了信任在一个团队中所起的重要作用了，在孙悟空归队之后，唐僧对他百分百信任，团队内部的凝聚力大大增强，在多次遭遇强敌之后都化险为夷，并最终取得真经。

在现代商业团队当中，这种信任同样是重要的。根据社会学的一项调查，在一个团队当中，大多数人认为信任问题最为突出。

具体的调查显示，大部分人对于团队的信任状况相当担忧，这些接受采访的团队成员中，只有9.3%的人认为是"很好"或"较好"，有近一半的人则认为是"较差"，而当被问及和周围的人打交道是否需要加以防范时，有超过60%的人认为某些情况下有必要。

没有了信任，团队就如同一个貌合神离的团体。管理者不敢相信下属，团队成员之间不敢掏心掏肺，倾尽全力。长此以往，团队必然会面临重大变故。

一个团队想要获得超长的凝聚力，就必须要着重培养团队内部的信任力。这种信任力是一种无形的能量。

那么，如何培养团队内部的信任力呢？具体来说，以下几点是团队管理者需要做到的。

第一，知人善任，举贤唯能。团队管理者必须对自己这个团队的所有成员都有全面的了解，并知人善任，让每个人都能在合适的岗位上工作。举贤不能唯亲，应当以能力定利益。也就是说，如果管理者能够做到这一点，就能在整合团队当中形成一种威信，也能给自己贴上"可以被信任"的标签。

第二，勇于承担责任，勇于认错。当团队中出现问题的时候，不能将责任推到其他人身上。团队中出现问题后的首要责任人便是管理者，如果他能够勇于承担这个责任，其他人自然会信任你。而勇于承认错误也是一种"人格魅力"，一个不愿承认错误的管理者在团队中会有怎样的形象？这是不言而喻的。

第三，让团队中形成一种平等的氛围。平等的氛围对于信任的培养是十分重要的。通用电气公司前 CEO 杰克·韦尔奇虽身居高位，却并未因此认为自己高人一等，他甚至不喜欢员工称呼自己为老板。在通用公司里，从上到下都直呼其名，相互之间关系融洽而亲切。

同样，IBM 公司也深谙尊重员工"人格平等"的重要性。IBM 公司的企业文化中有一个很重要的内容就是"尊重个人"。公司管理者认为，如果员工在公司得不到尊重，就不可能赢得员工对公司管理理念的认可和对公司的尊重。IBM 公司正是在"尊重个人"的企业文化指导下，才营造出其乐融融的团队氛围，使得企业在和谐的基础上健康快速发展。

俗话说，士为知己者死。人与人之间贵在尊重，员工的人格得到了尊重，必然会激起他们的感激之情以及奋发向上的斗志。在平等的工作环境下，每个人必定有一个好的心情，团队也会因此变得融洽，团队工作效率自然也会得到大的提高。

第四，打造出一个公平、透明的团队。作为一名团队管理者，对每一个人都要做到信息透明，在利益分配、工作任务分配等问题上尤其要注意，不能因为欣赏某个人，就给这个人额外的好处，这将会对公信力造成很大影响。将团队内部的必要信息公布出来，让每一个人都能感受到公平的阳光，信任自然而然就会出现。

信任是人际交往中最基本的原则，是架设在人心之间的桥梁，是沟通人心的纽带。而在一个团队中，如果没有了信任，那么团队就会名存实亡，就无法形成一个强有力的拳头。

总而言之，信任力是一种软实力，但拥有强大的力量。团队与信任力之间的关系就如同是齿轮与润滑油，没有信任力这个润滑油，团队内部会屡现摩擦，造成零件损伤，并最终影响齿轮的运行！

❈ 凝聚力让团队更辉煌

随着经济社会发展，社会的主流思想不再是个人英雄主义。快速发展的 21 世纪是一个更需要团结合作的时代。身为团队中的一分子，我们唯有努力打造团队的凝聚力，才能创造出奇迹，才能让团队更加辉煌。

在《动物世界》的一期节目当中，三条凶残的鬣狗将一匹体格健壮的斑马扑到，并分食了斑马的尸体。要知道，一匹斑马的体重相当于六条鬣狗，而且其爆发力和速度也要快过鬣狗。在这种情况下，鬣狗是如何捕捉到这匹斑马的呢？

原来，它们捕食斑马时严格按照一套流程进行：三只鬣狗悄悄潜伏在斑马的附近，首先有一只鬣狗冲上去咬住斑马的鼻子，后面两只鬣狗紧随而上，一只咬尾巴，一只咬腿，无论斑马如何去踢，如何去咬，他们就是不松口。斑马在这个过程中需要忍受巨大的疼痛，而且由于视线被遮挡再加上自身的慌张，很容易摔倒，只要一倒，

团结力量 团队精神

鬣狗很容易就能置斑马于死地。

三只鬣狗能够打败一匹斑马的秘诀正是如此。用我们专业的语言解释可以概括为八个字：分工明确，合作密切。正是因为它们分工明确，各司其职，团结共进，决不动摇，最后才使整个团队的凝聚力大增，将斑马打败。

众所周知，一个人的力量是有限，其创造出来的价值也是有限的，只有团队的力量是无穷无尽的，其创造出来的价值也是无限的。个人因团队获得更好的发展和进步，团队因个人创造出更多的价值。因此，身为团队的一员，我们要意识到，一个人的成功不是真正的成功，唯有团队的成功才是最大的成功。

在现代社会中，不论你所从事的是什么样的工作，不论你在什么样的环境中，你都不可能脱离团队做出伟大的事情来。或许有的人会反驳说，格里戈里·佩雷尔曼就是自己一个人将庞加莱猜想做出来而影响整个世界的。但是我们知道，这样的事情百年难遇，更多的时候，我们还是需要借助团队的力量来获得成功。

那么，如何才能让团队发挥出最大的作用呢？毫无疑问，唯有团队凝聚力。

美世咨询公司招聘史上曾有这样一个经典的案例。

一个从麻省理工学院毕业的优秀毕业生到他们公司应聘，这个毕业生很有能力，面试的成绩一直都是第一名。在面试的最后一天，公司总裁亲自面试这批即将成为公司员工的候选人。总裁给这些人分成了五个小组，并提出了一个问题，五个小组组内讨论。

小组讨论开始之后，总裁细心地观察着每个候选人的表现情况。他注意到一个小组，这个小组的组员都很安静，只有一个人在发言，在她咄咄逼人的气势下，这个小组的其他成员连说话的机会都没有。总裁看到这里就立刻将这个应聘者淘汰了。事后，总裁对她的评价是：虽然你很优秀，但你缺乏团队合作精神，不能为打造团队凝聚力贡献任何力量。

微软公司有一个永葆青春的奥秘，那就是没有永远的老板与员工。现在作为员工的你，下一秒可能就会是老板。老板与员工一起工作，一起分享成功与失败、快乐与悲伤。因此，微软的团队具有强大的凝聚力。

毫无疑问，员工感受到平等，心里就会愿意与大家共同进步，这无疑增强了大家的团队合作精神，使大家能够互帮互助，相互支持和鼓励。他们眼中只有问题，时刻想着把问题解决，他们不会去乱想一些干扰自己专注工作的杂事，他们每个人都不觉得自己是配角。可以看出，在这种具有团结协作精神的强大凝聚力的团队里工作，每个人自然也就有了积极向上的士气，这种士气推动微软公司创造了无数奇迹。

那么，团队凝聚力又是从何而来的呢？

首先，团队凝聚力需要我们以大局为重，而不是以自我为中心。在漫长的职业生涯中，我们总会遇到个人利益与团队利益发生冲突的时候，而当我们懂得了团结合作时，就要学会放弃个人利益去实现团队利益。在这个竞争的时代，集体主义比个人主义更为珍贵。

其次，团队内部需要一个绝对意义上的核心人物。一个团队的核心人物是团队成员之间的纽带，他能将每一个人串在一起。

最后，每个人都应当培养集体荣誉感。每个人都要有很强的集体荣誉感，这样才好把集体的利益放在第一位，以集体的成绩而高兴，以集体的失败而难过，这样的集体才有凝聚力。

团结就是力量，如果企业员工不能团结在一起，而是都追求个人利益，不能有统一的意志和统一的行动，企业就不会形成竞争力。而保证团队能够统一意志和行动的最好办法就是培养团队的凝聚力，让团队成为一个攥紧的"拳头"。

第五章
对工作尽责，提升团队精神

一位成功人士对自己一生的总结是"在其位，谋其政，任其职，尽其责"。认真负责的工作态度是我们对自己最基本的工作要求，认真负责的工作态度也是我们做人的基本原则。不论我们从事什么样的工作，只有具备了认真负责的态度才能把它做到最好，做到极致。

❋ 认真做事，用心做人

用心做事，追求完美是一个优秀员工应当具备的基本素质。无论是一个人还是一个企业，如果只抱着"大概""差不多"的态度去做事，绝不可能高效优质地完成工作，也就不可能取得好的业绩。在激烈的市场竞争环境中，很多企业家已经意识到对企业进行"精益管理"的重要性，而要求员工树立精益求精、止于至善的态度，将工作做到极致也是这种管理的核心价值要求。

于雷是一个才华横溢的年轻人，一毕业就进入了一家很有名气的室内装潢公司工作。因为对自己的才华和能力充满自信，他对任何工作都只是做到差不多就可以了，因此工作了一年多也没有太大的起色，但是后来的一件事完全改变了于雷的看法。

一次，老板交给他一项任务，为一个很重要的客户设计新办公室的整体装潢。这在于雷看来是一件再简单不过的工作，因此他只用了一天的时间就草草地完成了。拿到老板办公室时，老板只是大致看了几眼便抬头问他:"这是你能做到的最好的方案吗?"于雷一怔,无言以对,只是弱弱地回应了一句"差不多吧"。老板面无表情地将方案向前推了推,于雷心虚地拿起方案,没说一句话便走出办公室。

于雷拿着被退回的方案回到自己的办公桌,稍稍调整了一下思绪,做了简单修改就又拿到老板办公室,老板看都没有看一眼,低着头问他:"这回是你做得最好的方案吗?"于雷的心里忐忑不安,只好犹犹豫豫地回答:"我再看看吧!"

这次他拿出了全身的干劲,仔细琢磨起这个装潢方案,他费尽心思,几经易稿,终于在一个星期后重新将方案递交到老板的面前。面对同样的问题,于雷底气十足地回答道:"是的,这是我最好的方案了!"老板抬头看了看他,说:"好,那就放这吧!"果然,这次的方案得到了老板和客户的一致好评。

从此以后,于雷真正意识到了在工作上精益求精的重要性,他开始以高标准严格要求自己,每次方案都要修改好多次才会最终定稿。凭着这种精神,于雷的工作越来越出色,也逐步得到老板的认可,很快就被提升为中层管理人员。

于雷凭着严谨的工作态度和止于至善的工作精神,最终超越了自己,成为公司里的佼佼者;对于其他成绩一般的人来说也是一样的,只有及时调整好自己的自满情绪,端正工作态度,认真对待每一项工作,才能为自己交出满意的答卷。

企业若想在激烈的市场竞争中处于不败之地,就必须拥有一个强大的团队，团队中的每个人都要带着强烈的责任感去工作。

身为团队中的一员，我们若不愿平庸地过一生，那就要花心思培养自己的团队意识，认真做事，用心做人，只有这样，我们才有机会取得成功。

要知道，那些在团队中表现优秀的员工，并不一定都是能力出众的天才，他们可能只是在你看不到的时候付出了百倍、千倍的努力。毫无疑问，这份努力和付出绝对不是凭空而来的，而是源自他们自身强烈的责任意识。他们深信，唯有对工作负责，认真做事，努力付出，用心做人，才能帮助团队获得更好的发展，而只有团队变得强大了，自己才有更大的上升空间。

一家药厂招了一个勤奋上进又善于思考的业务员比利。有一天，老板派比利去一家公司讨要欠款。比利接到任务后，立马直奔那家公司，很快他就找到了那家公司的老板，在了解了基本情况后，他得知对方之所以欠款，是因为公司货物积压，一时间资金周转不开。

面对此种情况，要是换成其他员工，肯定会选择打道回府，将问题上交给老板。然而，比利却没有这么做，他的责任心不允许他逃避问题。于是，他主动向对方了解货物的性质，提出了一个可行的方案：将对方公司的货物折价后作为还款。经过了一段时间的磨合，两边老板都同意了这个方案。

之后，比利又利用自己的人脉资源，将这些货物以每个比原价高0.2元的价格卖了出去，就这样，他为公司赚取了利润。老板将一切看在眼里，他赞赏比利认真的工作态度，并提拔他为部门主管。

通过这个故事，我们可以得到一个结论，那就是一个做事认真负责的员工，不仅能为他所在的团队创造价值，还能让自己在职场上获得发展。

商界流传着这样一句话：一件工作至少藏着十个机会，无论你抓住哪个，都可以达到事半功倍的效果。我们要懂得，机会总是有的，就看你能否发现它，抓住它。而我们抓住机会的办法其实也很简单，那就是认真去工作，用心去做人。工作和做人是我们需要同时努力的方向，如果做好了工作，做人不到位，那么就会出现很严重的个人危机；相反，假如我们只是做好了人，但工作不认真，那么对团队和个人而言都不是什么好事。

做个有责任心的员工

学会承担责任是年轻人必修课的一课，这决定着我们以后的成就。而承担责任的第一步就是对自己负责，如果对自己都不负责，何谈对他人、对社会负责。

无论是大公司，还是普通的小公司，每个管理者都非常清楚，公司想要持续发展需要有责任心的员工。所以，无论你在公司处于什么位置，只要你能够把自己工作岗位应尽的职责做到位，那你就有机会获得老板的赏识，实现自己的价值。

你放弃了自己，全世界就放弃了你。如果一个人放弃了自己的责任心，那么他不仅失去了自我锻炼的机会，也失去了公司给他回报的机会。

戏剧大师威廉·莎士比亚曾经说过："全世界是一个巨大的舞台，所有的男男女女均是演员。"每个人一生都扮演着许多角色，而每个角色都承担着不同的责任，不同的责任造就了独特的角色。当我们站在公司这个舞台时，我们扮演的这个角色体现出了我们的个人素质，我们承担着巨大的责任。正是因为我们扮演角色的重要性，所以我们更要去勇敢承担，做一个有责任心的员工。

一个对自己负责的人，会对自己有所承诺，会对自己的行为负责。一个负责的人会是一个有信誉、让人信任的人，因为责任能够产生信任，责任能够产生信誉。

社会是一个大舞台，把它支撑起来的是一个个大大小小的"木桩"，每个"木桩"代表一个责任。我们只有对自己的工作负责，才能撑起社会的大舞台。

培养自己的责任心是从事一切工作的第一步。

盛田昭夫是索尼的创始人，被誉为"经营之圣"，他曾对自己成功的经营管理有一个精炼的总结。他觉得一个好的老板就是一个有超强责任心的人。不论你处在什么样的位置，是有1个员工，还是10个、1000个、10000个，都要对你自己的手下负责任。

如果你一直处于一种迷茫的状态中，如果你一直想寻找方向突破自己人生的限制，那么负责的精神可以帮你改变这一切。当你感觉一切不公平时，需要静下心来想一想，自己真正为公司做过什么，自己还能为公司做些什么，自己是不是尽了全力，所做的是否对得起自己的岗位职责。

格力公司有一个其他公司不曾有过的创新，他们在公司内部设计了一面空墙，人们都称它为"回音壁"。这个回音壁的目的是让员工把他们对公司各个方面的建议，把面对别人不敢说的话说出来，让大家更好地交流心里的看法和想法。因为那些真实的想法，不管是批评还是建议，都会让我们成长。企业的管理者要善于调动员工的主动能动性，充分发挥员工的积极性，使他们快速成长起来。

做一个有责任心的人，不去管自己的付出和回报是不是成正比，我们需要做的是：把自己的命运与公司的发展紧密地联系在一起，把个人利益与公司的利益联系在一起。这样不仅能实现自我价值，更能体现对企业的忠诚和责任。

所有的成功都来之不易，它们都是由痛苦、勤奋和责任编织而成的。如果想拥有惊人的成果，就必须承担着常人不能承担的责任。一个对自己所思、所言、所为负责的人，一定会创造属于自己的财富。而一个容易因为不如意的事情而迁怒于人的人，只会在放纵自己的情况下失败。

用一颗真诚的心去迎接这个世界给你带来的一切不幸，用责任心把不幸融化掉，把它当成生命中的一种财富。不要去抱怨工作带给你的挫折，用一颗平淡的心去承担自己应该承担的责任，处处为他人和公司考虑。

如果将自己一生的工作看成一幅风景画，那么我们每个人都是自己的艺术家，或轻描淡写，或意境深远，一切都是自己的选择，而这一切都与责任有关。所谓"我选择，我负责"，责任心是心的写照，它体现你对待工作的态度。没有责任心的工作，不会让我们有任何收获，而有责任心让我们收获了整个过程中的经验和能力。

责任心是一个人对待工作的态度，责任心是简单而又无价的。没有责任心的工作，不会取得任何效益。当你失去责任心时，个人能力无法提高，期望的回报难以实现，付出的努力化为泡沫。责任心的缺失，伤害的不是别人，而是自己。

某集团的总裁曾说过，企业的发展与每个人的努力息息相关，每个人都可以让企业有所变化。企业里的每一个员工都对其他员工负有责任，这就像互相咬合的齿轮，大家必须紧紧地连在一起，才能共同发挥作用。只要有一个人没有承担起自己的责任，企业的发展就会受到严重阻碍，企业的整体责任属于企业中每一名成员。

在竞争日益激烈的时代，公司之间的竞争就是责任心的竞争，公司更需要那些对待工作认真负责的员工。只要员工在工作中有一丁点儿不负责任，就有可能导致整个企业蒙受巨大的损失。

不要期望一个缺乏责任心的员工会为公司树立良好的形象，更不要期望他们会为顾客提供优质服务。企业里不需要缺乏责任心的员工，因为这样会给企业带来潜在的风险。公司的形象或业务可能就因为一个不负责任的人而毁掉。在不负责任的员工的人生字典中没有整体利益这个词汇，他们只追求自己的利益，他们不会给公司带来任何的财富，反而会让公司的形象受到影响。

工作就是我们的第二个人生，公司就是我们的第二个家。我们把自己生命中最美好的时光都花费在工作中，如果我们虚度这段时光，就会失去很多人生价值。工作是事业的基石，公司是发展的平台。所以，只有公司更好发展，才会有我们更好的发展。只有公司达到了一定的高度，我们才会出人头地。因此，不论我们是为自己的薪酬，还是为了自己有更好的发展机遇，我们都应该将更好的自己贡献给公司，这不仅是对公司负责，也是对自己负责。负责就意味着不会因为一些困难就轻言放弃，而是积极地战胜困难。

一个有责任心的人会得到别人的信任和尊重，因为有责任心的人是信守承诺的人，能够给我们带来安全感和信任感。因此，有责任心的人因责任获得了自己的生存之本，而没有责任心的人却失去了自己的发展机会。

❋ 不要逃避责任

社会是一个大家庭，也是一所人生大学。在这所大学里，我们和朋友、集体、社会都有着千丝万缕的关系。人际关系在数学中就是函数，就是相互影响，一个改变会影响另外一个。在工作中，我们的行为会在不知不觉中影响其他人的行为。所以，当我们要做一件事情的时候，要考虑到对其他个人、家庭、社会所承担的责任。

这种高度的责任感是我们必备的品德。

我们要承担责任，就要有勇气面对一切。工作中谁都会有犯错的时候，我们要勇敢承认错误，并及时改正错误，不要为自己的错误找借口。错了就是错了，只要用心，保证下次不再犯同样的错误就可以了！

如果一个人连面对事实的勇气都没有，那么他注定无法成功。不承认自己有问题，一直逃避，不从自身找问题，那就永远不会做好工作，永远停留在原点，这是对自己的人生不负责的表现。

有时候为了逃脱自己的责任，习惯性地为自己找各种借口。这样不仅会给别人留下不好的印象，还会失去提升工作能力的机会。相反，那些负责任的人，他们会主动承认错误，分析错误的原因，根据自己的实际情况，要么主动去找人请教，要么主动找相关书籍学习，再去尝试，失败了再去思考分析，坚定不移地执行下去，直到问题解决。当然，在整个过程中，需要花费的时间和精力是常人无法想象的，然而付出终有回报，你会凭着自身的努力付出，积累丰富的工作经验，你的自信心也会随之增加。

逃避责任的人通常会将问题放置一边，不对问题做任何处理，他们从来不会去积极主动地解决问题。他们对待工作的态度就是老板让我干什么我就干什么，不会对老板的任何想法做出反驳，不管老板的做法是正确的，还是错误的，他们都只是机械地遵循。没有一个老板会喜欢这样的员工，这是逃避责任的表现。

曾有一部经典影片叫《巴顿将军》，电影里面有句经典台词："自以为是而忘了自己责任的人，一文不值，遇到这种军官，我会马上调换他的职务。一个人一旦自以为是，不负责任，就会远离前线作战，这是胆小鬼的表现。唯有负责任的人，才会为自己从事的事业心甘情愿地献身！"

因此，从某种意义上讲，承担责任就意味着拥有。相反，如果害怕承担责任就意味着失去。

在工作中犯错是常有的事，这并不可怕，可怕的是有的人不敢承认错误，而是寻找借口推卸责任。如果一味地逃避责任，就永远不会有勇气去直视问题，去挑战自己，也就永远不会让自己的能力得到提升。只有在承认自己的错误，承担了责任之后，我们才会去积极寻找解决问题的方法，才能继续完成任务。

总之，谁都会犯错，犯错之后，我们最应该做的是保持清醒的头脑，冷静地分析和思考，让自己在错误中能够吸取教训，确保自己下次不会被同一块石头绊倒。里克·梅伯瑞曾经这样评价自己，他说："如果看看我在 20 世纪 80 年代和 90 年代的所作所为，你会发现我犯过上千个错误，但我从不会犯两个同样的错误。"

不犯同样的错误，这就意味着他能够从每一个错误中吸取教训，不重蹈覆辙。而这一切的前提就是他能够正视每一个错误，并承担因犯错而带来的责任。

责任如同弹簧，越逃避它就越强。作为团队中的一员，我们更不能逃避责任，因为我们身上的责任可能影响着整个团队的命运。在团队中的每个人都如同一部机器当中的一个零件，如果它没能起到自己应有的作用，那么他就会给这部机器的正常运转带来麻烦。

其实，在大多数时候，一个人不能取得进步，一直被困在原地，并不是因为他们的能力不足，而是因为他们没有树立起强烈的决心和责任心。有了坚定的责任心，很多问题就会迎刃而解。人们都说态度决定高度，其实我觉得责任心决定你的韧度，有了动力，一切纸老虎都会消失，你才会更加有能力。

现在就抓紧时间，积极行动起来，不要使自己被淘汰。如果你一味地避重就轻，逃避自己的责任，最后换来的只有被淘汰的结果。所以在工作中，你一定要勇担自己的责任，做一个负责的好员工，只有这样，你才会赢得老板的赏识和信任，你才能获得成功。

对工作负责，从小事做起

世界潜能大师安东尼·罗宾曾说："一个不能看到微小差距的人，永远不可能成为卓越的人，不可能成就伟大的事业。"在工作中，我们很多人会将目光投在能够满足虚荣心或是能够出人头地的大事情上，其实这本身并没有错，因为每个平凡的人都曾幻想干一番大事业。但是，想要实现自己的价值，我们必须从小事做起，要知道，一个从不忽略小事的人，往往才是一个对工作负责的优秀员工，这样的员工才有可能获得成功。

　　在工作中，很多人的大部分时间都在做着各种微乎其微的小事，但有人却认为小事没必要认真去做。殊不知，这些观点就是导致其失败的原因。毕竟从小事做起才能成就大事，一个人如果连小事都做不好，又何谈对工作负责，又如何能担当大任呢？

　　因此，不论我们从事什么样的职业，都要有责任心，把工作当成自己的使命，哪怕是再小的事情，我们都要尽自己最大的努力去做好它。我们要热爱自己所从事的岗位，时间久了，在我们的眼中，也就没有什么大事或小事、重要或不重要之分，我们会把心中的热情全部贡献给自己热爱的岗位，把工作中的每一件小事做到最好。要明白，将小事做细致，不仅可以学习到知识，而且还能在做好小事中发现机会，最终走上成功之路。

　　虽然我们每天所做的工作可能大多是一些琐碎的小事，但是我们绝不能因此就对这些工作不重视，甚至敷衍应付。要知道，我们与成功者的唯一区别就是，我们认为不值得去做的小事情，成功者们都在用心认真地做着，就这样，我们与成功者的差距就慢慢地产生并不断拉大。

　　曾经有一个非常典型的成功案例，说的就是注重小事取得成功的道理。故事的主人公是某公司的总裁罗伯特·雷德福。起初他只是一个小小的杂工，然而他却有着不同平常的认真负责的工作态度，他总是把自己工作中的每一件小事都做到最好，渐渐地，他掌握了很多工作技巧，不断积累经验，不断成长，最终成为出色的总裁。

从一个无名小杂工到 32 岁当上公司的总裁，毫无疑问，这是一件不可思议的事情。那么，他是如何做到的呢？

当时，年轻的罗伯特进入这家公司的一个制造厂时只有 20 岁。年轻气盛的他带着自己的梦想来到这个制造厂，刚开始工作时就显得与众不同。首先，他对整个工厂的生产情况做了一个全面的调查和了解。经过调查，他知道了一辆汽车需要经过 14 个部门生产出来的不同零件组装才能完成。从制造零件到装配出售，每个环节的工作性质都不相同。

在了解了一切后，他规划了自己的职业生涯。他深知，要想在汽车制造这个领域做出惊人的贡献，就要对汽车生产的各个环节有全面深刻的认知和把握，要对每个流程有独特的见解。所以，他主动向领导提出从最基层的杂工做起。杂工的好处就是没有固定的工作岗位，这正好满足罗伯特的心意，于是，他认真地学习起来。通过长时间的杂工工作，罗伯特对汽车制造的各个环节都已有了深刻的认识。

在做了很长时间的杂工之后，罗伯特申请调到汽车椅垫部工作，很快他就把制作椅垫的手艺学会了。后来他又申请调到点焊部、车身部、喷漆部、发动机部去工作。不到五年的时间，他几乎把这个厂的各部门工作都做了一遍，最后他决定申请到装配线上去工作。

罗伯特离成功越来越近，而他的父亲却看不到。有一天，父亲按捺不住地询问儿子："你工作已经五年了，总是做些焊接、刷漆、制造零件的小事，恐怕会耽误前途吧？"

罗伯特微笑着对父亲说："爸爸，我的成功你看不到，我不看眼前的成功，我有我自己的目标，我不会因为短暂的利益失去锻炼自己的机会，因为真正的财富是自己积累的经验，是自己学会的技巧，更是了解一切之后管理这一切的能力。现在我是一名杂工，十年之后我会是这家公司的总裁。"

这个故事告诉我们：不能因为一件事情简单或微小，就不去做；细节之中还有细节，我们不能因为想要干一番大事而忽略了小事。一件事情，无论大小，去做了就会有不同的结果。那些眼高手低的人，总认为自己做的事情没有意义，做事态度消极，每天在混日子；而那些脚踏实地的人，就像罗伯特一样，对待工作认真负责，总是积极主动地面对每天所做的每一件小事，深入地了解公司情况，努力将每件小事做好，并利用小事去多方面学习，增强自己的判断能力和思考能力。

不难发现，我们至今所拥有的经验、阅历、财富都是由无数件小事慢慢积累而成的，没有这些小事，就不会有我们现在的成就。多米尼克·珀塞尔曾告诫我们："世界上那些最伟大的事业，都是一点一点完成的。"把每一件简单的事做好就是不简单，把每一件平凡的事做好就是不平凡。而我们若想在工作岗位上有所作为，更好地融入团队中去，我们就必须拿出认真负责的工作态度，踏踏实实把每一件小事做好。

法国巴黎有一家公司与英国一家公司建立了长期合作关系，英方经常会去巴黎进行实地考察，了解公司合作项目的进度。巴黎这家公司把英方客人的一切接待工作都交给了一位员工全权负责,包括客人的吃住、每次所乘坐的飞机等。这位员工没有辜负公司给她的这个机会,她用心将英方客人每次来巴黎时的座位订在右边,而返回伦敦时的座位订在左边。这个客人开始几次没有注意到这个细心的举动,在坐飞机十几次之后,终于发现了这个小细节。有一次去巴黎的时候,他忍不住问这位员工他所发现的这个细节,这位员工微笑着说:"我想外国客人来到法国肯定都希望见到埃菲尔铁塔那雄壮伟岸的身姿,所以我就给您做了这样的安排,这样您就可以在任何时候都能见到埃菲尔铁塔了。"此时,客人按捺不住心里的激动,对这个女孩给予了高度评价。

订票本来是一件不起眼的小事,很多人可能都不屑于做这样的小事,更不用说考虑哪个方向能看到什么风景的问题了,然而故事的主人公却细心地做了各方面的考虑。这个故事使我们明白了一个深刻的道理,那就是无论多么细小的事情,里面都有一个让人闪耀的机会,关键就看你怎么把握和抓住这个机会了。你是想按照上面安排的一切做完,还是更加细心思考如何将这件事做得更好呢?很显然,两种不同的做法会有不同的命运。从细节入手,做好工作中的每件小事,不仅能提升公司的形象,也能促使我们成为一个更有责任心的员工,从而在工作中取得成功。

很多时候小事是我们在自己选择的工作中唯一能够做到的事情,所以,我们应该力求在"做小事"的过程中培养做大事的能力。如果我们抱着认真负责的心态去"做小事",通过刻苦钻研、寻找规律不断地提升自己的能力，那么我们就有了一个良好的开端，成功可能就在不经意间叩响我们的大门。

我们经常会听到有人说，成大事者不拘小节。实际上这是片面的观点，我们应该学会辩证地看待小事，从身边每一件小事做起，逐渐锻炼意志，增长才干，培养自己的责任感，只有这样，我们日后才能做大事。要知道，眼高手低者，是永远干不成大事的。从一件平凡不起眼的小事中，可以看出我们的工作态度、处理问题的基本素质和能力，以及面对问题时候的思考方法。一件平凡不起眼的小事，还可以让人们看到我们的用心，让人能够信任我们。

每一天，我们都要尽心尽力地工作，每一件小事情，都力争高效地完成。尝试着超越自己，努力做一些职责之外的事情，不是为了看到老板的笑脸，而是为了自身的不断进步。所以，不要忽略工作中的小事了，若想成为一个有责任心的员工，我们必须重视小事，从小事做起，将小事做好。

对于有责任心的人来说，小事从来都不小，只有用心将小事做好，我们才有机会去做大事，才能不断提高自己的工作能力，才能让自己所在的团队更有竞争力，才能获得事业上的成功。

责任感是做好一切事情的根基

责任就是对自己要去做的事情有一种爱。责任感是一切良好美德的表现和基础。有责任感的人值得依赖，没有责任感的人连一份普通的工作也很难得到，即使他有非凡的能力。责任感是做好一切事情的根基，责任感是成就自我的重要因素。

责任感可以让一个人主动贡献自己的一切，甚至是宝贵的生命。在战争中，战士们的责任感更加形象化。大家熟知的董存瑞、黄继光等一系列英雄人物都是有着崇高责任感的人。

在职场中，责任感比能力更能体现一个人对待工作的态度。假如一个人有非凡的能力，却没有责任感，那么他不一定能够获得成功。相反，假如一个人才能平庸，但他拥有超高的责任感，那么他反而更接近成功。

《把信送给加西亚》的主人公罗文就是一个很好的例子。罗文虽然拥有一定的才能，但跟书中的其他人物的相比，他的才能不值一提。然而，让人惊讶的是，能力平平的罗文，竟然最后获得了巨大的成功。这是为什么呢？原因就在于他拥有强烈的责任感，正是这份责任感，让他面对困难时毫不退缩，最后成就了一番伟业。

能力是一个人做好事情的条件，但责任感却是一个人成功的基石。一个人只有脚踩这块基石，才能更好地做事，所以责任比能力更重要。一个没有责任心的人，不会花心思去想如何将工作做到完美，因为他们觉得没必要去关注"工作做成什么样""质量好坏"，他们只想尽快做完工作，绝对不会对自己提出任何高要求。

责任感是成就事业的根基，也是评价一个员工是否优秀的重要标准。一个没有责任感的人，失去了社会对他的认可，失去了周围人对他的尊重和信任，失去了锻炼自己的机会，失去了成为一名优秀员工的条件。而一个有责任感的人，能够得到领导的欣赏，能够得到能力的提高。

职场是最看重业绩的地方，而一个人若想做出优秀的业绩，光有能力是不够的，还必须具有强烈的责任感。

TNT快递是世界上规模最大最注重安全的快递公司之一，而成就这个神话的原因就是公司一直教育员工要树立一种理念：每一个顾客的包裹都很珍贵，不允许有一丁点有辱使命的失误。

TNT北亚区董事总经理迈克·德瑞克用实际行动对这一理念做了最好的贯彻。

迈克起初只是TNT的一名普通业务员。在工作中，迈克总是积极主动做事，对工作负责，所以他的业绩很好。过了一段时间，迈克已经从一个业务员升职到区域销售经理。在迈克·德瑞克看来，世界领先的客户服务是实现公司快速增长的关键，这些带来成功的要素包括：可靠、有价值、持之以恒，还有负责到底。迈克·德瑞克多次强调："我们有信心提供给客户最好的服务。"

至今，迈克仍坚持每个星期都会跑到不同的城市去和一线的员工交流，听取他们的意见，主动解决问题。他知道自己作为公司负责人，有责任为公司创造出更多的价值和利润，因此他在任何事情上都倾注了100%的努力。

责任感可以是主动的，也可以是被动的。如果把责任感当成被动的，那么时间长了我们就会觉得这是别人强加给自己的负担。然而，如果把责任感当成主动的，我们就会主动积极地投入到工作中，勇敢地挑战自己。对于一个真正负责的人，他从内心想把一件事做好，即使在没有任何命令要求他去做的情况下，他也会积极主动去做。正如林肯所说："人所能负的责任，我必能负；人所不能负的责任，我亦能负。只有这样，你才能磨炼自己，求得更高的知识而进入更高的境界。"

我们一定要谨记，责任感是我们做任何事情的基础。在工作当中，如果我们缺乏责任感的话，那么最后只能成为一个一事无成、浑浑噩噩的人。因此，我们需要培养自己的责任感，并让它成为我们工作当中的最佳伙伴。

拥有责任感是事业成功的基本条件。而"责任"就是知道你的职责所在，并努力去完成它。因此，责任感能够帮助我们建立起一个个目标，有了目标我们就能清晰地知道自己在做什么、做到什么程度；有了责任感，才能够不懈地努力坚持下去，并最终帮助我们在团队中实现自己的价值。

第六章
团队合作需要积极沟通

良好的沟通能让一个团队更有力量。当我们的沟通进行到一个高度时就会发现,一个班组团结如一人,竞争力会非同凡响;一个部门团结如一人,竞争力也会今非昔比;一个公司团结如一人,竞争力会实现飞跃。

✺ 沟通是顺利工作的基础

在日常生活中，我们常常会发觉，自己的人际关系和事业发展面临着诸多障碍，而身边的人则没有这方面的困扰。很显然，如果我们遇到这样的情况，那就说明问题恰恰出在自己身上，怪不了别人。

这其中最主要的问题就是我们不能跟家人、朋友、同事进行良好的沟通。良好的沟通决定着一个人的人际关系质量。在团队中，良好的人际关系是顺利工作的基础。

而所谓的沟通，不仅是通过言语，还可以通过动作、姿势、眼神等方式进行。沟通是一种信息交流，也是一种感情维系的纽带。

沟通非常重要，是人际关系的润滑剂。因此，假如我们要保持人际交往的和谐，就要与他人进行有效的沟通。

良好沟通不仅仅意味着言语上的交流，还需要我们运用一些技巧。比如说在人多的时候，你不可以只跟其中一两个你熟悉的人打招呼、谈话，你需要照顾所有人的感受，你要把注意力分配到所有人的身上。当然，你更需要去注意正在说话的人，同时也要观察其他人的表情。

在团队中，沟通并不是轻松的事情。因为团队成员有各种各样的性格，各有各的癖好，各有各的脾气，如果能够和自己意气相投，在一起自然就要舒服多了；可是，如果你遇见了不那么"对眼"的人，会感觉特别别扭，根本不想开口。所谓"酒逢知己千杯少，话不投机半句多"，说的就是这样的情形。

在团队当中，我们不能只跟那些与自己意气相投的人沟通，因为团队中的每个人都是我们的工作伙伴，不能简单根据自己的好恶进行人际交往。

其实，我们很多时候害怕与人沟通是因为我们内心的成见造成的。在团队当中，很多人可能是在迫不得已的情况下才会与人沟通，而这其实是不正确的。因为沟通是我们顺利工作的基础，没有沟通，我们的工作就很难进行。

人类行为科学研究者汤姆士·普利兹克指出："沟通能力是成名的捷径。这种能力可以让一个人显赫，让人鹤立鸡群。尤其是那些能言善辩的人，他们会受到人们的尊敬、爱戴，得到人们的拥护。而且，沟通还可以让一个人的才学充分拓展，让人事半功倍，业绩卓著。甚至可以说，一个成功的人，实际上是'说'出来的。"

因此，假如我们想要在团队当中实现良好沟通，那就必须要摒弃心中的一些成见，大胆地与人沟通。

下面这个故事或许能够给我们一些启发。

芝加哥有一位主任检察官，他是一个能力出众的人，被很多人认为是"明日之星"。因此，他经常会收到各种各样的团体演说邀请。然而，他自己却谢绝了好多组织的邀请，因为他畏惧演说。

在面对别人的质疑时，他总是以性格为挡箭牌，他说："过去我在出席会议的时候，总是坐在不起眼的角落里，而且从来没有站起来说过话。"

实际上，他自己也知道这种想法不正确，对于他的事业发展有很大的阻碍。这个问题经常会令他焦虑，有时候他还会为此失眠，当他的一位同事告诉他，如果他不接受演讲邀请的话，对树立检察官队伍的整体形象可能会非常不利。于是，他下定决心改变自己。

有一天，这位检察官又一次收到了邀请，而且是高中母校的邀请，这次他没有拒绝。这一次，他选择了自己非常擅长的，也是最受人关注的话题——检察官的工作。演讲主要是以许多亲身经历为例子，所以他根本就不用演讲稿。当他走上学校礼堂的讲台与全校师生交流时，就像和他的朋友们聊天一样自如。

那是一场非常精彩的演说，在讲台上，他可以看到听众的眼神，看到他们都认真地听自己讲。他听到听众因为他的笑话而发出了笑声，他感受到了温暖。在他的演讲结束时，所有的学生都起立鼓掌。他的这场演讲也为改变自己打下了良好基础。

其实，我们害怕沟通的根本原因是因为我们认为沟通结果存在不确定性，但其实这是完全没有必要的。因为在工作当中，我们与他人进行沟通的唯一目的还是工作，也就是说，我们与他人在沟通时的工作目标是一致的。不管是与上级还是同事，我们都有足够的理由跟他们进行沟通。相反，假如没有这些沟通，我们的工作也就无法顺利进行，那样不但自己会有损失，还会给团队带来不利！

在平时的工作中，我们免不了和公司的老板、上司以及同事来往，就和孔子所说的一样，"言不顺，则事不成"。沟通的重要性不容小看，作为与人交流思想、维系感情的最重要工具，在工作中我们离不开它。沟通是我们与人交流、互助中的一种重要能力，因此我们一定要善于沟通。

❊ 平等交流，沟通更畅通

如何正确建立有效的沟通渠道是影响企业发展的重要因素。不同的企业规模对构建沟通渠道的重视程度是不同的。有的公司只需要聚在一起讨论讨论即可，有的公司却不这样去做，因为这种简单的方式达不到理想的效果。不同的规模有不同的沟通方式，公司要根据自己的实际情况采取适合自己的沟通方式。在企业中，信息的交流主要有三种：上传、下达、平行交流。前两种是非平等交流，后一种是平等交流。

因此，想要让公司内部实现平等交流，就必须解决上传和下达沟通上存在的一些问题。

第六章 团队合作需要积极沟通

由于上传和下达的信息传递和接收方级别不同,所以难免会出现不平等的现象。但企业要迅速发展、壮大,就必须要实现各个部门之间的信息及时沟通,而要做到这一点就有赖于信息的平等交流,下情能为上知,上意迅速下达。

对于一个企业来说,如果你需要实现高速运转,那么就要让企业充满生机和活力,这一切都需要下情能为上知,上意迅速下达,需要的是部门之间互通信息,同甘共苦,协同作战。想要做好沟通,有效的上传下达是必须的。

我们就拿上传来说,其中最大的问题实际上就是由于言路不畅而导致的。当管理层次增加以后,基层的声音向上传导的难度就增加了。如果想要去解决这些问题,最好的方法就是拉近领导和员工之间的距离,做到彼此平等,实现尽可能地平等交流。

沃尔玛公司对于倾听基层员工的意见非常重视,他们就算是在公司规模不断扩大的时候也是如此。在公司中,沃尔玛主要实行的是门户开放政策。不管是在什么时间、地点,任何员工都可以进行发言和提意见,都能以口头或书面形式与管理人员乃至总裁进行沟通,提出自己的建议和关心的事情。如果他们受到了不公平待遇的话,也可以直接去投诉。公司会保证让员工们有多种渠道提意见,并且对于那些可行的建议,公司会积极采纳。在沃尔玛公司,经常能看到基层的员工去见董事长,并提出他们的意见。

董事长沃尔顿先生特别耐心,对待员工的意见也非常认真,他乐意听取普通员工的意见。如果一个员工的想法是正确的,那么他一定会特别认真地去解决相关问题。他要求在公司当中的每一位经理都能够贯彻公司的这一思想，而不仅仅是做表面文章。沃尔玛公司非常重视员工的团队精神，他们甚至会在总部悬挂先进员工的照片。公司还对特别优秀的管理人员授予一些特别的称号。

沃尔玛公司在阿肯色州罗杰斯机场的飞机库里停有12架飞机，他们这样做，目的就是为了听到最基层的声音。他们的地区经理们几乎在每个星期一的早晨都要乘坐飞机，然后去他们分管的地区视察。这样的视察通常来说会进行四天。在视察过程中，经理要去听听基层员工的声音，然后了解一些关于公司的情况，了解他们对商品销售情况的看法。当然了，他们对于能够提出有价值建议的员工会给予非常丰厚的奖励。这是因为，广开言路可以很好地找出公司的错误决策，从而及时做出调整。

在下达方面，沃尔玛公司做得也非常棒。沃尔顿强调：公司领导必须要成为员工的助手。领导与员工之间能够实现很好的交流，领导成了最底层，而员工成了企业的中坚力量，顾客反而成了"老板"。领导为员工服务，员工又在为顾客服务。员工是公司的门面，因此员工的工作精神状态对公司来说是非常重要的。而领导的工作实际上就是在服务员工，员工心情舒畅，他们才会更好地服务顾客。

在沃尔玛，任何一个员工佩戴的工牌上除了名字外，都没有标明职务，就算是总裁也是如此。在公司内部根本就没有上下级之分，人们见面都非常放松，他们直呼其名，这种规定让所有员工都可以放下包袱，他们感受到了平等，因此，他们的信息沟通也十分顺畅。

沃尔顿还强调：员工是公司的合伙人。因此，我们就不会奇怪，沃尔玛公司拥有美国最大的股东大会。他们每次开会，沃尔玛公司都会要求所有的部门经理和员工尽可能来参加，让他们看到公司的全貌，了解公司的理念、制度、成绩和问题，然后对工作中的情况有一个了解。而且在每次股东大会结束后，沃尔顿都会举办野餐会。在野餐会上，沃尔顿会和许多员工聊天，让每个人都说说话，让大家交流，畅所欲言，让每一个员工都提出他们的看法，听听他们的意见。沃尔顿说："我希望可以通过这样的方式让员工们更好地团结起来，为共同的目标奋斗！"

正是依靠这样的精神，让沃尔玛员工对公司的强烈认同和主人翁精神得到体现。在同行业中，沃尔玛虽然说没有最高的工资，但是公司的员工却以在沃尔玛工作为荣。他们知道自己在公司中的地位，因为他们在沃尔玛是"合伙人"。

权威调查资料表明，在一个企业中当中，一般来说，中层领导基本上有60%的时间在与人沟通，而对于高层领导来说，沟通的时间可达80%。沟通的有效性对领导力和企业发展的影响特别重要。尤其是在我国，那些事业有成的企业家对于沟通都非常重视。正如英特尔公司的前任CEO安迪·格鲁夫所说的那样："领导公司的成功方法是沟通、沟通，再沟通。"

企业和团队中的平等沟通主要推动力是上层决策者的管理理念。一位聪明的管理者知道如何让内部成员之间进行平等良好的沟通。因为他们知道，平等良好的沟通可以让团队更具凝聚力，更具竞争力。

只有平等的沟通才能造就一个融洽和高效率的工作环境，只有在这样的工作环境下,团队成员才能全身心投入自己的工作中。同时,平等的沟通也能使人心情愉快,在这种情况下,即使工作再苦再累也会做到最好。平等创造和谐,平等赢得人心。平等的沟通能产生良好的人际关系,能使整个团队和所有成员实现共赢。

掌握说话技巧,让沟通畅通无阻

有些人认为,该说话时说话,这是一个人的说话水平;而不该说话时不说话,这是一种大智若愚;知道什么时候该说话、什么时候不该说话,这被看成一种智慧。也就是说,你说话时要有一定的技巧,恰如其分的话语会为你带来意想不到的收获。

你要把自己变成一个会说话的人,用最巧妙的语言,将你的话说到对方的心里,这样可以让你们的友谊更加和谐,会使你增加智慧和力量,就算是在工作中遇到困难,你也可以轻松解决,从而将工作做得更出色。

高明的说话技巧可以让你变得受人尊重。你需要运用科学的沟通心理学理论指导说话,这样你可以润物细无声,赞美人而不露声色,在批评人的时候不会伤脸面,说服人的时候也会立竿见影。高明的说话技巧是把丑话、难以说出来的话说得完美,让人能够一下子理解,把话说到点子上，把话说到能关键处。

一个人的事业能否获得成功，往往和他的沟通能力有着莫大的关系。假如你能掌握一些说话的步骤、方法和技巧，那么你就会在工作中游刃有余。工作中，我们发现很多人看似很有才华，能力很强，但是他们根本不注重自己的说话艺术，结果事业上出现了问题。

张宁是公司中非常有才能的人，他做事的风格也非常有魄力，然而他的工作一直不是很顺利。他在一家IT公司上班，在他的周围，同事们的业务水平都很出色。由于他说话时不讲方式方法，让大部分人无法接受，最后出现了矛盾。

两年前，张宁凭着出色的技术，以及他突出的业务能力击败了众多应聘者，最后成为该公司选中的高级技术工程师之一。刚到公司，张宁就表现出非凡的能力，他做的一个大项目取得成功后，老板对他的看法有了很大的改变，并决定对他委以重任。

然而，在同事向他表示祝贺的时候，他说："这些活一点儿也不难，对于你们来说肯定是难了点儿，我不做谁做？"这让同事们很尴尬。

老板表扬他，他私下对同事说："表扬有什么用啊，来点实际的，奖金多发点吧。"本来老板是要给他奖金的，但他的话传到老板耳朵里后，让老板很不舒服，最后就作罢了。

这种情况还不只这一次，时间久了，大家发现他还是一个高傲的人，他说话有时特别直，不给任何人留情面。工作虽然说没少做，然而他说的话总是很难听，往往是活也干了，人也得罪了。他却没有察觉这个问题，认为反正自己业务好，没有人敢得罪自己。可是，不久后发生的一件事让他备受打击。

公司需要选拔一个业务尖子去国外培训,这是很多人都希望得到的机会。张宁认为他是公司业务最好的高级工程师之一,而且人年轻,工作也努力,在平时也帮助过不少同事,他觉得自己可以去。

老板找他谈话,他毛遂自荐地说,自己很优秀,有能力也有信心拿下这个名额。老板说:"既然这样,这个机会就给你,但是你一定要让公司的员工心服口服,先在你们部门做个民主推荐吧,要是大家都同意,那么你就去吧。"

张宁点头同意。投票很快就开始了,结果是另外一个工程师胜出,而张宁一票也没有得到。这样的结果让张宁非常痛苦,老板告诉张宁,这个结果在他意料之中。原因就是平时他的为人处事太过咄咄逼人,说话的时候不能把握好分寸,不会说话,得罪了人,最后让公司的员工对他敬而远之。所以,张宁虽然是一个有才华的人,但是他无法和同事打成一片,一点儿也不受同事欢迎。

由于说话做事太强势,并且不讲究说话的技巧,和同事说话时言辞激烈,不能做到"点到为止",很难让人接受,最后张宁得罪了同事和领导,失去了宝贵的学习与快速提升自己的机会。他的经历让我们知道,一个人要想有良好的人际关系,就一定要掌握良好的沟通方法。

语言艺术有时甚至能改变一个人的命运。良好的沟通可以助你成就一番事业。在工作中,对于那些善于运用语言艺术,懂得说话技巧的人来说,他们往往能在人际交往中获得主动权。他们能够很好地将话说到对方心窝里，可以做到赞美别人于不知不觉之中，批评别人也不会让别人感到尴尬。

我们要懂得沟通，了解正确的说话方式，懂得做人做事的道理。无论在什么场合都要注意自己的说话分寸，千万不要得寸进尺、咄咄逼人，在与人相处的时候要懂得运用语言艺术提升自己的人格魅力，把危机消灭于萌芽状态。只有这样，我们才可以得到好的机遇，为自己获得更好的发展而创造条件，团队也会更和谐。

走出沟通的阴霾

任何人都需要沟通。不管是工作中，还是在生活中，我们每天都需要进行沟通。沟通是一门艺术，荀子说："言而当，知也；默而当，亦知也。"尤其是在职场中，如果想要工作做得好，那么你必须学会沟通，沟通可以让我们的工作做得更好。可很多人在工作中没有重视沟通，没有沟通到位，没有发挥出沟通的最大效用，没有最大限度地发挥沟通的力量。

古语说，一言可以兴邦。有时候，一句话可以让人如沐春风，一句话也可能会造成人与人之间的矛盾。

下面这个故事相信很多人都听说过。

有一天，主人在家设宴招待他的几个好朋友。按照约定，大家都赶过来了，只差一个朋友没到。于是大家坐在一起喝茶聊天，一来打发时间，二来等一等还没到的那个朋友。

可是，过了很长时间，那位朋友依然没有来，主人很着急，他突然说："怎么该来的还没来！"这句话一说出口，在旁边的一位客人就不高兴了，他特别生气地说："那按你的意思我是不该来的吗？"于是，他生气地走了。

看到这样的情况，主人不知道该怎么办，觉得自己说错了话。他看了看剩下的两个人，委屈地说："我没有说他啊！"没想到的是，他刚说完，另一位客人不高兴了，他反问道："你什么意思啊？你没有说他，是不是在说我啊！"这位客人将茶杯重重地放在桌上，生气地离开了。

主人一下不知道该怎么办了，他慌了神，一把拉住最后一位客人的手，解释说："他们这是干什么呀，我没有那个意思啊！"这位客人语重心长地说道："言者无心，听者有意！算了算了，不要想太多了。"主人家连连点头，说："是啊，我也没有说他们俩啊！"此时，这最后一位客人也生气了，一句话也没说，也走了。

主人说了三句话，结果气走三个朋友，很明显，他的沟通出现了问题。话又说回来，谁又可以担保自己不会犯错呢？人都是有感情的动物。因此，只有大家的思想统一了，沟通才能顺利进行；感情融洽了，彼此才能有更好的关系。

沟通在工作中非常重要，它能将上司、下属、同事、客户的关

第六章 团队合作需要积极沟通

系有机地串联起来。没有沟通，团队成员能力再强也做不了大事，而正确的沟通方式一定是一种"知心"的沟通。

有一把坚实的大锁挂在铁门上，有人用铁杆费了很大的力气也没有打开这个大锁。此时，有人拿过来一把小钥匙，钥匙虽然很小，但是插进锁孔，只轻轻一转，大锁就开了。这时候铁杆问："为什么我费了那么大力气也打不开，而你那么小，怎么就轻而易举地把锁打开了呢？"钥匙说："那是因为我了解它的'心'。"

一个成功的团队离不开有效的沟通。在职场中，我们经常会遇到各种各样不如意的事情，会遭遇挫折。仔细想一下就会发现，大部分的事情之所以难以沟通，并不是因为我们不会沟通，而是我们没有采取正确的沟通方法和技巧，没有找对沟通的关键点。一个想法、一个信息，在我们沟通的时候，经过传递、解释、理解，所表达出来的往往是我们自己的习惯方式。怎样让对方与你互动？这才是我们沟通的关键。

有一款杀菌防臭保健鞋在某地搞促销活动。在现场，有一位挑剔的顾客询问："你们的产品真的像广告上说的那样好吗？"其中一位促销人员马上就说："您试过之后，一定会发现比广告上说的还要好。"顾客又问："如果买回去，用过后感觉不好，你们会不会不给退货？"促销人员笑着说："不，我们相信您的感觉。"没想到，那次促销活动非常成功，他们的产品销量快速提升，其产品品牌影响力也有了很大的提升。

沟通中,并不是说得越多越好,而是要掌握说话的关键,如果找不到说话的重点,就算说再多,也都是废话。如果能摸准对方的心理,了解到对方真正关心的是什么,这时我们就能把一个非常尴尬的局面轻松化解,走出沟通的阴霾。

沟通是一种技巧,是员工顺利开展工作的有效助力。假如我们想要在工作当中将沟通做到极致,走出沟通不畅的阴霾,那就必须要做到以下几点。

首先,将个人目标和团队目标统一。

只要有人存在,就一定会有部门利益和小团体利益,这是团队永远都难以解决的问题。尽管公司要求部门和员工都要以公司利益为重,要从全局来考虑问题,但部门和个人都不可能是完美的。所以,一旦团队利益与部门、个人的利益发生冲突时,难免会出现维护部门利益和个人利益而不顾团队利益的情况。这个问题的根源在于利益的差异和目标不一致。

因此,作为个人,我们应当时刻以团队利益为重,不搞个人主义,以团队目标为自己的工作目标。

其次,团队成员之间进行换位思考。

人与人之间的沟通需要换位思考,部门与部门、个人与部门之间的沟通同样需要换位思考。换位思考的目的是让双方能够互相理解,对于团队成员来说,这非常重要,因为换位思考能够让人了解其他人的真实情况,这样就能够保证信息的对称性,能够理解其他人的难处，沟通就能够顺利展开。而当其他人不配合的时候，我们也能够从换位思考中找到真正的原因。

而团队在保证员工换位思考上也要做一些工作。比如制定一些制度，为员工跨部门交流创造制度保障，甚至可以成立跨部门的项目小组开展工作。而这其中最关键的是要抓住公司内部沟通的那些"关键少数"，根据80/20定律，公司内部80%的信息交流和沟通都是发生在20%的人员之间，而各部门的主管和综合协调人员就是这20%。所以，企业要多从他们入手，对他们进行培训也是必要的。

最后，正式交流与非正式交流相结合。

很多员工对于那种正式的沟通都有一种厌烦和畏惧，比如说会议沟通。对于一些较为敏感的问题，用会议沟通的方式可能很难解决，这时就需要非正式的交流。如果能够在会议前私下进行沟通，那么就能尽量避免互相指责和推卸责任的情况出现。有这样一个故事：一家公司市场部的一个主管去日本出差，将洗衣服的钱算进了报销项目内，事后财务部门主管专门找到了这位违规报销的主管，通过私下沟通的方式让他将钱退还给公司，市场部的主管后来在会议上还主动检讨了自己。试想一下，如果财务部门的主管在会议上突然提出这件事，这会给公司和个人造成多大的负面影响。

假如我们能够做到以上三点，那么就可以保证自己和团队各成员之间能够进行及时有效的沟通，不至于让无效沟通成为我们工作当中的一道障碍。

作为团队中的一分子，如果我们想要在自己的岗位上实现最大的价值，就必须学会沟通，而学会沟通的前提是我们必须要以大局为重，不能让自己的问题成为团队沟通中的问题。

倾听是沟通的良药

积极主动地倾听是沟通的开始，也是一个成功者必备的素质。倾听时，人们不断地理解与接纳他人不同的想法和看法。主动地倾听有助我们更好地思考。在倾听的同时，我们也要对他人的诉说做出正确的反馈，以便能及时让对方感受到你的用心。

倾听的过程是一个主动参与的过程。在这个过程中，人们不断在接收、思考和理解，并做出必要的反馈。倾听，就是要用心、用眼睛、用耳朵去听。正如在中医中常用的"望闻问切"四种诊断方法一样，倾听也需要掌握一定的技巧。

倾听其实是一门艺术，是尊重对方的一种态度。一个倾听者会让对方感受到这个世界是温暖的，因为诉说者能感受倾听者对他的关注和重视，这也为倾听者更好地表达做出良好的铺垫。

一个注意倾听的人，对方一定能够感受到你对他的关注和重视，后续的顺畅沟通也就有了坚实的铺垫。

倾听没有等级之分，领导可以倾听员工的心声，员工也可以倾听领导的心声，倾听能够更好地交流和沟通。

首先，我们来谈一谈上级对下级的倾听。

一个优秀的领导一定是一个倾听者，他能够倾听员工的建议、意见、创意，以及员工的抱怨。倾听能够得到更好的建议，也是更好沟通的前提。没有倾听，就没有良好的沟通。沟通和倾听是一双手，只有一只手主动去握另一只手才会相互接触。

曾经有一个非常成功的人力资源管理者，他有自己独一无二的管理方式，能够让团队关系变得十分融洽。有一次，他说出了自己的管理秘密，这个秘密就是为员工搭建交流平台，经常给员工提供反馈意见的机会，同时，不时走进员工的生活中，倾听他们的苦与乐。倾听为他们团队创造了意想不到的效益。

细细思考这位主管的做法，我们不难发现，他的做法既能避免因个人知识的局限性和看法的片面性，忽视一些具体的问题，还能集思广益，增强团队的向心力和凝聚力。

在实际工作中，每个企业都需要有好的建议。有创意的想法通常会给部门带来意想不到的利益。为员工搭建交流平台，经常给员工提供反馈意见的机会，是一个成功的管理者明智的做法。管理者只有广开言路，认真听取别人的意见和看法，做出科学的分析，才能避免工作的疏漏。

其次，我们要讲一下团队内部成员之间的倾听。

我们每个人都是团队的一分子，而团队如果想保持团结协作和目标一致就需要团队中的每一个人进行良性沟通，而这种良性沟通是离不开倾听的。

团队内部成员需要在工作目标、协助等方面进行良好的沟通，而在个人生活上，作为团队成员，他们之间也存在一些交集，因此也需要利用倾听来沟通。

最后，团队内部成员对上级的倾听。

下级与上级的沟通历来是一个难题。因为对于很多普通员工来说，这种沟通本身存在着不平等的关系，如何做到用心倾听也就成了难题。

管理学界沃伦曾经说过："如果一个团队中每一位人都能贯彻上级的思想和指示，那么公司的管理将不会存在任何问题。"

正是由于这种倾听存在难度，所以它也显得更加重要。

由此可见，倾听确实是一门艺术，可以毫不夸张地说，善于倾听是建立良好人际关系的最佳诀窍之一。接下来，我们在这里介绍一下有关倾听的技巧。

1. 鼓励对方先开口

在一场谈话开始之前，我们主动鼓励对方先开口，可以降低谈话中的竞争意味。同时，我们展露出来的倾听姿态，还可以营造开放民主的气氛，这有助于彼此交换各自不同的看法和意见。

另外，当别人率先表达自己的观点时，我们就有机会在自己说话之前，掌握彼此意见的一致之处，以便在接下来的谈话中，找到更多的共同之处。

2. 努力把注意力集中在对方所说的话上

倾听不是一个单调的姿势，我们在倾听对方说话的时候，必须同时运用自己的耳朵、脑子和心，竭尽全力把注意力集中在对方所说的话上，努力理解他的言语和情感，避免走神分心。

不仅如此，我们还要时刻和对方保持眼神接触，让对方意识到我们在认真听他说话，他并非在跟一个心神飘忽的陌生人交谈。

3. 不要以沉默代替倾听，适时的互动必不可少

有些人在与人交流的时候，不管对方说了些什么，他总是面无表情，闷不吭声，这种沉默的回应往往会让气氛陷入尴尬，我们一定要尽量避免此类情况的发生。当我们对别人所说的话适时地给予回应时，对方会觉得我们十分享受这段谈话，他的心情自然也会因此变得更加愉悦。

管理学家威尔德曾说："人际沟通始于聆听，终于回答。"由此可见，倾听是人际关系的基础，我们一定要把80%的时间花在"听"上，不光是用耳朵去听，还得用心去听。因为没有积极的倾听，也就没有有效的沟通。

沟通是多向的，团队管理者需要与团队内部成员进行很好的沟通，团队成员之间需要沟通，团队成员与团队管理者之间也需要沟通。在这些沟通中，倾听是保证沟通能够顺利进行的重要基础，从现在开始，我们不妨多听一点，认真地做一名倾听者。

学会反馈，让沟通更简单

良好的反馈可以让对方更好地了解你的感受，反馈是给别人的回应以及建议，这些对工作非常重要。你反馈得越好、越及时，那么你在工作中的收获也就越好，以后的沟通也会更加顺利。

一旦有事情发生了，你就要及时去反馈。只有及时反馈，对方才可以快速理解你的意图。做到及时的反馈，可以更好地让对方在第一时间知道你的看法和感受，这对于工作和学习有非常好的帮助，同时也避免了接下来沟通中的困难和矛盾，还有不必要的误会。

我们这里所说的反馈，也是要讲究时机的。也就是说，我们需要抓住合适的时机进行反馈。比如，你在生气的时候给别人反馈有可能带来不必要的负面情绪。不过，当你的怒气消散、冷静下来后，再去做出反馈就要理智得多，而且也不会对表达你的想法产生负面影响。

反馈时有很多注意事项，假如对方现在顾不上听你说，那么你此时的反馈也就不会有太好的效果。还有，最好不要在公共场合或者对方正在与旁人进行沟通的时候做出反馈。因为在公共场合中反馈情况，细节性问题容易被忽略，无法很好地达到反馈的效果，会让对方有种被众人评论的感觉。特别是在大庭广众之下进行批评性反馈，更难达到良好的效果。另外，在你表达了自己的观点后，你也要听取他人的意见。

苏凡是公司的项目经理，他手头有一个非常重要的项目。由于时间太紧张了，在他管理的小组中，除了章妮外，其他人都在加班加点地工作。章妮似乎对小组当前面临的形势一点儿也不了解，她不愿意加班，往往把交代给她的工作拖到第二天才完成。

即便是这样，苏凡也并没有想过要和章妮谈谈。相反，他不愿意再给章妮安排工作了，而是自己把章妮的工作接过来。后来项目没有及时完成任务，苏凡受到了上司的训斥。

当苏凡和上司说明了情况后，上司反问道："既然是这样，你为什么不和她谈谈呢？如果你能够及时将情况反馈给我，项目完成情况也就不会这么糟糕了。"

反馈不是抽象空洞的，我们要把它明确具体化。因为我们的反馈必须要有对象，只有让对方了解你反馈的前提是什么，为什么你会说那样的话，你们的沟通才可以更加顺利地进行。错误的反馈是空洞的，无法让你的沟通对象印象深刻，对方即便听完了你所说的话也不会有所改变。因此，在沟通中，我们一定要明确什么样的反馈是可以让别人明白的。

基于这个考虑，我们需要在反馈时做到以下几点。

第一，多进行客观地描述，不要去想当然地猜测动机和原因。比如说，不要说"你没有时间观念"或"你不在乎是否准时"，要说"本来能够在 8 点 30 分到，然而你却 8 点 45 分才到"，让你的表达内容更准确。

我们经常会听人说用事实说话。无论我们说的是什么，我们都要基于事实，要不然那就是空话，没有可信度。

第二，反馈的信息要在事实上有依据，千万不要感情用事，否则会让对方察觉到你带着情绪或者不够诚实。

总之，当我们反馈问题时，只能描述具体的客观事实，不能借此对一个人进行道德评判。所以说，我们应该基于事实说"某某今天迟到了一个小时"，但是我们不能说"某某没有时间观念"。这样的话就可以很好地避免与他人的冲突，因为谁也不能否认"迟到一个小时"这样的客观事实，但如果你说他"没有时间观念"，那就可能给别人造成不好的影响。

反馈所讲的就是如何去就事论事，其中最为忌讳的是去损害别人的面子和人格尊严，带有侮辱性的话语一定不能说出来。这样的语言，只能让对方和你的矛盾加深，对沟通没有一点好处。

第三，反馈可以集中在一件事上，循序渐进地进行。这是因为，接收者要花时间去理解你所说的内容。假如你一下子全部反馈给对方，对方就容易出现混乱，无法很好地抓住你的要点。

第四，反馈时需要考虑对方的立场和角度，这样可以使反馈更有针对性。要让反馈的质量有提升，就要为对方着想，不能在对方没有准备的时候进行反馈，如果这么做的话，那么反馈信息的传递就会出现很大的问题，而且接收者也无法很好地接受信息。如果对方没有任何准备时你就已经开始反馈，那么你就有可能无法把话说明白，很多信息会被忽略，很难达到反馈、沟通的目的。

假如你希望通过最有效的方式表述你的信息，那么你就要准备好接受他人的反馈并给他人以反馈。反馈能够让沟通变得更加简单，这种双向交流的方式在团队成员之间的沟通中是必不可少的。

第七章
乐于为团队奉献

乐于奉献是一个古老的话题,随着时代的变迁,人们不断赋予它新的内涵。要知道,乐于奉献是推动人类社会进步的重要精神品质,也是社会对从业人员最基本的职业道德要求。

把团队当成自己的家

团队对于我们很多人来说其实就是一个大家庭,我们在这里工作,不仅收获了工资收入,还得到了一个锻炼自己的平台,更结识了一群志同道合的好同事。而在现实世界中,也不乏一些把团队当成是家的人,这些人恰恰就是那些工作最认真、最乐于奉献的人。

道理很简单,出于人的天性,我们对于家庭总是会投入更多的精力。一些人一辈子省吃俭用,无私奉献,就是为了能够让自己的子女过得更好一点,同样的道理,如果我们能够将团队当成自己的家,那么为团队奉献就是水到渠成的事了。

有的人或许会说,家中都是亲人,而团队当中都是一些同事,这两者怎么能同等看待呢?

当然,我们这里所说的家其实是一种抽象的概念,也就是说,我们这里所说的家是一种能够让人感觉到温馨和幸福的集体。

杨红梅是一家大型超市的采购员,她所在的采购团队一共有15

人，在这 15 个人当中，杨红梅是业绩最好的。

在一个周末，杨红梅已经计划好要跟家人外出游玩。她跟丈夫一起打包好行李，买好了车票，准备带着儿子一起享受难得的周末时光。

就在他们前往车站的路上，杨红梅接到了公司的一个电话，在电话中，采购部的经理告诉她，现在有一个紧急任务需要到杭州出差，公司已经派了两个人去了，但是他感觉人手不够，希望杨红梅能够加一天的班。

杨红梅在电话中听出了经理焦急的心情，知道这不是一件可以缓两天再做的事情，于是，她立即决定直接到车站坐车去杭州，与已经在路上的两位同事在杭州会和。

丈夫和儿子知道杨红梅的性格，虽然满脸都是失落，但也只能全力支持。

杨红梅到车站后买了去杭州的车票，在坐了两个多小时的汽车后，杨红梅到了杭州，由于事情比较多，她不得不和同事一起在杭州多待了一天。

等到她周日下午回去的时候，两天的假期已经结束了。这一趟临时出差让杨红梅感到筋疲力尽，但是第二天一大早，她二话没说就去上班了。

在上班时，一位同事偷偷地告诉她："其实那天经理也给我打电话了，但我不想牺牲周末的时间，你呀，就是太老实了，吃了大亏吧！"

杨红梅却说："我们采购部的事情就是我们全体员工的事情，

第七章 乐于为团队奉献

团队就像是我们每个人的家，帮团队做事情，怎么能叫吃亏呢？"

杨红梅的精神境界令这位同事无地自容。

其实，每一个团队都需要像杨红梅这样的人。杨红梅只是一个普通的超市采购员，但是他真正做到了把团队当成自己的家，为团队无私奉献。而在国外，有一个年轻人也因为这种无私奉献的精神改变了自己的命运。

由洛克菲勒创办的美国标准石油公司是当时世界上最大的石油生产、经销商，那时每桶石油的售价是4美元，公司的宣传口号就是：每桶4美元的标准石油。他的公司有一个名叫阿基勃特的基层推销员，无论外出、购物、吃饭、付账，甚至给朋友写信，只要有签名的机会，都不忘写上一句"每桶4美元的标准石油"。有时，阿基勃特甚至不写自己的名字，而只写这句话代替自己的签名。

他的这一举动给他自己带来了很多麻烦，时间久了，同事们还给他取了个绰号叫"每桶4美元"。他的家人也对他说，你如此牺牲自己的名誉，公司又没有给你任何好处，何必呢？但阿基勃特并没有在意这些，仍然坚持着自己的做法。

后来，洛克菲勒无意中听说了此事，他非常好奇，于是邀请阿基勃特共进晚餐，并问他为什么这么做，阿基勃特说："这不是公司的宣传口号吗？"洛克菲勒说："你觉得工作之外的时间里，还有义务为公司宣传吗？"阿基勃特反问道："为什么不呢？难道工作之外的时间里，我就不是这个公司的一员吗？"

阿基勃特的话让洛克菲勒大为震惊，他非常欣赏阿基勃特的举动，并开始有意识地培养他。过了五年之后，洛克菲勒卸职，但他没有将第二任董事长的职位交给自己的儿子，而是交给了阿基勃特。这项任命出乎所有人的意料，包括阿基勃特自己。事后的结果证明，洛克菲勒的任命是一个英明的决定，在阿基勃特的领导下，美国标准石油公司更加兴旺繁荣。

这两个故事是在证明把团队当成家、拥有无私奉献精神的员工的重要性。其实，工作无贵贱之分，无论你现在是身处团队的基层还是中层或高层，既然选择了这个团队，就要把自己的工作与团队的发展紧密地联系在一起，与团队共命运、同发展，只有这样在团队取得更多的成绩时，你才会拥有更大的发展空间和巨大的荣誉感。

纵观世界，强大的团队都是由优秀的员工组成的，这些优秀的员工更懂得自己的使命，他们会将团队当成自己的家，将自己看成团队中的一分子。也正因为如此，他们才会在团队中投入更多的激情和智慧，并乐于为团队奉献自己。

当我们将团队当成自己的家时，我们就能在工作中最大限度地激发自己的潜能，从而为团队的发展壮大贡献自己全部的力量。每个人都要明白，唯有团队强大了，我们自身才能获得巨大的进步，并最终收获事业上的成功。

第七章 乐于为团队奉献

❋ 多一点奉献，多一份回报

工作中，很多人都抱怨自己付出得太多，却得不到应有的回报。其实我们应该相信这个世界的法则，那就是每个人的付出和奉献都不会白白浪费。可能我们的付出和奉献没有立即得到回报，但是我们要相信，未来总有一天，我们会获得应有的回报。所以，在平时的工作中，我们应该多奉献一些，最后也就多一份回报。

在一个又冷又黑的夜晚，一位老人的汽车在郊区的道路上抛锚了。她等了半个多小时，好不容易有一辆车经过，开车的男子见此情况二话没说便下车帮忙。

十几分钟后，车修好了，老人问他要多少钱，那位男子回答说："我这么做只是为了助人为乐。"但老人坚持要付些钱作为报酬。中年男子谢绝了她的好意，并说："我感谢您的心意，但我想还有更多的人比我更需要钱，您不妨把钱给那些比我更需要的人。"最后，他们各自上路了。

随后，老人来到一家咖啡馆，一位身怀六甲的女招待员即刻为她送上一杯热咖啡，并问："夫人，欢迎光临本店，您为什么这么晚还在赶路呢？"于是老人就讲了刚才遇到的事，女招待听后感慨道："这样的好人现在真难得，您真幸运碰到这样的好人。"老人问她怎么工作到这么晚，女招待说为了迎接孩子的出世而需要第二份工作的薪水。老人听后执意要女招待员收下200美元小费。女招待员惊呼不能收下这么一大笔小费。老人回答说："你比我更需要它。"

女招待员回到家，把这件事告诉了她的丈夫，她丈夫大感诧异，世界上竟有这么巧的事情，原来她的丈夫就是那个好心的修车人。

通过这个故事，我们能明白一个道理，那就是种瓜得瓜，种豆得豆。我们在"播种"的同时，也种下了自己的将来，你做的一切都会在将来的某一天、某一时间、某一地点，以某一方式在你最需要它的时候回报给你。

其实，行走职场也是这么一个道理。我们每天不停地努力工作，为企业奉献自己的青春和汗水，或许我们工作的报酬没有很快得到提高，但只要我们继续努力工作，继续奉献付出，那日后老板一定会对我们刮目相看，从而带给我们一个事业发展的美好未来。到时候，我们的努力奉献一定会得到相应的报酬。

总之，我们今天像牛一样勤勤恳恳地工作，明天就会像凤凰一样高飞，我们一定要有这样的信念。此外，我们还应该看到，今天我们辛勤的工作不仅拿到了丰厚的薪水，同时还提升了自己的工作能力，磨炼了自己，收获了丰富的工作经验。所以，我们需要的仅仅是时间，时间将会向我们证明一切。

在20世纪50年代，我国很多农场里都有老式的水泵。它的工作原理是这样的，在取水之前，你得先往水泵中倒一桶水，形成一个真空空间，这样水泵启动后地下水才能被抽上来。同样，我们平时做实验常用的虹吸管也是一样的原理。先将水倒进去，然后水就会流出来。因为倒进去水，会把空气排出来，形成真空，把你需要的水不断地排出来。只有你倒入水之后才会有水出来，如果开始你不倒入一些水，那么，你一滴水也得不到。

由此可见，没有奉献和付出，就没有回报，换句话说，丰厚的收获都来自辛勤的耕耘。如果你没有将你的财富种子完全地奉献出来，那么你也就不会有好的收成。只有知道如何去为他人提供服务，去找到你的价值，你才可以得到自己需要的一切。

宋飞大学毕业后在一家机械设备公司上班，初入这个团队，宋飞还有些胆怯和不安，他生怕自己做不好手头上的工作，得不到领导和同事的赏识。但很快，他就调整好了自己的心态，因为学生时代他一直信奉一句话，那就是一分耕耘一分收获。

每当办公室的同事都趁着老板不在的时候偷懒闲聊时，宋飞始终一如既往地埋头工作；下班后，当同事们都收拾东西准备回家时，宋飞却在忙着制订第二天的工作计划……

时间一长，宋飞在工作上的付出和奉献越来越多，为公司创造的效益和价值也越来越大,渐渐地,同事们越来越佩服他的奉献精神,领导也越来越欣赏他的工作能力。

一年后,宋飞被公司领导提拔为部门主管。

这个故事告诉我们每一个人,职场是一个极为讲究奉献和付出的地方,我们要想获得成功,得到回报,就必须乐于奉献,甘愿为团队劳心出力。就像故事中的宋飞一样,勤勤恳恳地工作,持续不断地奉献。或许在短时间内,老板和同事并没有看到我们的默默奉献,但只要我们长期这样工作下去,那他们早晚会看到我们的付出和成绩,从而给予我们应得的回报。而那些喜欢在工作中偷奸耍滑的人,虽然他们不可能每次都被领导抓个正着,但长此以往,他们的工作能力得不到提高,不良的工作态度也会降低他们的工作效率。

我们要永远记住,世界上没有免费的午餐,我们在工作中多一点奉献,最后就多一份回报。想要获得财富,想要获得成功,你就要学会奉献!奉献会让你在团队中成长起来,让你得到上司的赏识,让你取得事业的成功!

✳ 培养奉献精神

有句话这样说:"如果你是一滴水,你是否滋润了一寸土地?如果你是一线阳光,你是否照亮了一分黑暗?如果你是一颗粮食,你是否哺育了美好的生命?如果你是一颗最小的螺丝钉,你是否永远守在自己的岗位上?"可以看到,这段话说的正是奉献精神。其实,不管从事什么工作,我们若想为所在的团队贡献出自己的一份力量,就必须先培养自己的奉献精神。

众所周知,奉献是一种无私忘我的精神,它包括敬业、乐业和勤业。敬业是奉献的基础,乐业是奉献的前提,而勤业则是奉献的根本。对于一名员工而言,我们只有在工作中培养奉献精神,不断地为团队劳心出力,我们才能真正成为团队的一员,从而获得团队的认可和赞赏。

很多时候,一个人的奉献精神常常体现在一些细节上,比如我们从公司仓库的地上捡起一个还在燃烧的烟头,或是我们关紧公司食堂里还在不停滴水的水龙头,又或是我们将黏在办公室地上的口香糖捡起包好扔进垃圾桶里……其实，这些细微的举动都是奉献，当一个人具备良好的奉献精神时，那通常就意味着他对工作的付出大大地多于索取。我们都知道，做一件好事不难，难的是做一辈子的好事，而当我们不断朝后者看齐时，我们的奉献精神也在不断形成的过程中。

当一个员工努力做到"爱岗敬业，爱企如家"时，实际上这就是对其所在的团队的最好奉献了。我们都知道，"家"是我们精神的支点与动力，也是我们成长的归宿。然而，有的时候我们只去照顾"小家"了，忘记了去照顾"大家"。"大家"是什么？实际上我们现在所在的企业也是一个"大家"。总之，企业是个大团队，需要我们每一个人都去为之奉献！

干一行，爱一行。如果我们不喜欢自己所从事的工作，那也应该竭尽全力，让自己慢慢喜欢上这份工作，否则我们迟早会被辞退。即使不会被辞退，我们也会因此浪费自己美好的青春。要知道，在自己所在的岗位上恪尽职守、爱岗敬业、持之以恒、埋头苦干，这些都是我们应尽的责任，也是我们奉献精神的最佳体现。从一个人的奉献精神中，我们可以看出其对待工作的态度，是不是足够用心，是不是足够勤奋，是不是足够努力。我们每个人都要明白，当我们在工作中不断奉献、不断付出时，我们终将创造出属于自己的成就。

刘雅兰是公司出了名的好员工，她在公司已经工作了七年，在这七年里，她不知道为公司操了多少心，付出过多少辛勤的汗水。

正因为她的乐于奉献，每一年她都会被评为"年度最佳员工"，为此，公司很多同事都纷纷向她请教成功的秘诀。而刘雅兰的回答年年如此，从来没有变过，她笑着说："没什么秘诀，就四个字，奉献精神。"没错，大道至简，"奉献精神"就是她获评最佳员工的关键所在。在她的眼里，只要是公司的事情，不管它是不是自己分内的工作，她都会将其视为自己的事情，并努力将其做好。

因此，在这七年里，她每天干的活儿都要超过她职责内的工作量。刚开始，有些同事还不理解她工作为什么那么卖命，都觉得她是在自讨苦吃。可只有她知道，努力工作，不断奉献，其实是一举两得的事情。为什么这么说呢？因为她的奉献和付出一方面为团队创造了巨大的价值，另一方面也提高了自己的工作能力，让自己越来越能独当一面。如此一来，岂不是双赢的事？

总之，一个有着奉献精神的员工不仅会将自己分内的工作做好，还会尽其所能地为公司做一些他能够完成的任务。可以毫不夸张地说，具备奉献精神的员工，向来都专注于工作，努力将自己的全部能力贡献给公司。

在日常工作中，很多人都摆不正奉献和利益的关系，其实当我们说一个人要培养自己的奉献精神时，并不是说要其放弃自己的个人利益，要知道，奉献精神和个人利益是不冲突的。当我们在工作中不断奉献、不断付出，将公司的利益置于第一位时，我们实际上也是在维护自己的个人利益，因为只有公司利益得到最大化的满足，我们才会拥有更多的个人利益。

其实，奉献精神是一种养分，它能滋养我们的心灵，促进团队成员间的融洽共处，为企业带来巨大的效益。我们在工作中要学会培养自己的奉献精神，只有这样，我们才能拥有快乐、幸福和力量。

懂得奉献，甘于奉献

在职场上，那些能正确处理好自己与公司的关系，可以很好地为公司无私奉献的人，他们在工作中可以收获许多乐趣。这样长时间下来，懂得奉献和甘于奉献的人会变得非常优秀，让人尊敬，他们也会得到丰厚的回报。

如果我们能将自己的爱心奉献出来，我们就会因此而得到更多的爱；假如我们能把快乐带给别人，那么我们就能够因此而从别人那里收获更多的快乐。

从前有三个人，觉得自己生活得不快乐，便一起去拜访德高望重的禅师，希望得到快乐之道。禅师一见他们，便问："你们认为快乐的标准是什么呀？"

三人依次答："我要有人爱，感情带来快乐。""我要想买什么就能买什么，财富带来快乐。""我要人们重视我，权势带来快乐。"禅师听后说："难怪你们都不快乐，因为你们的快乐标准掌握在别

第七章 乐于为团队奉献

人手里,你们不停地向外追求,心里头就总是充满恐惧,总是感到空虚。快乐首先是接受自己,帮助他人。"

确实,当一个人只懂得索取,而不知奉献时,那他必然会活得不开心。唯有懂得奉献,甘于奉献,我们的心灵之泉才永不干涸,我们才会感到富足、充实和快乐,我们才能让自己的精神境界得到提升,达到一个新的高度,我们才能创造出奇迹,激发出自己潜在的力量,取得事业上的成功,彻底改变自己的命运。

1933年的美国正处在经济危机的风潮之中。哈里逊纺织公司本来就受到了经济危机的巨大冲击,很不景气,偏偏在此时哈里逊纺织公司又遭遇了一场火灾,这场无情的火灾让公司化为灰烬。3000名员工只好回家等待着董事长宣布破产,这无疑让所有员工都相当绝望。他们面临的不只是今天的火灾,更是漫长的失业和将越来越可怕的贫困。

就在这时,老板亚伦·傅斯竟然告诉员工们,虽然他的公司损失非常惨重,但是他还是会想办法继续为大家支付一个月的工资。这让员工们感到非常吃惊,同时也大为感动,他们都对老板表示了感谢。

然而,3000多名员工的薪水可不是一个小数目。哈里逊公司这个时候已经成了废墟,无法再进行生产,自然也就没有利润。再加上当时是经济萧条时期,就算是在经济繁荣的时候,如果突然遇到了这样的情况,公司也难以恢复正常运转。

于是，傅斯开始向朋友们借钱，后来他终于借到了足够的钱去支付工人们一个月的工资。一个月后，工人们因为没有工作，生活又陷入困境，傅斯说可以再继续支付他们一个月的薪水。

这一下，员工们终于再也坐不住了。第二天，员工们试图去做一些事情，有的人自发清理废墟，有的人擦拭机器，总之，所有人都开始热火朝天地工作，甚至原来一些负责销售的员工还主动去一些州联络中断供应的原材料……结果，奇迹发生了，三个月后，哈里逊公司居然又重新运转了起来。

就这样，傅斯的无私助人的精神让他的工厂又一次活了过来，原本一片废墟的工厂，又可以再次进行生产了。若干年后，哈里逊纺织公司就成为美国最大的纺织企业之一，而且他的分公司还遍布全世界60多个国家。

一般人都认为，在工作中奉献是一件非常吃亏的事情，在他们看来，一个人想要在职场上立足就很不容易了，为什么要花费时间和精力去做一些无谓的奉献呢？毫无疑问，这种想法是不对的，因为一个在工作中乐于奉献的人通常都要比那些不愿吃亏、锱铢必较的人更能获得更多的好处。他们在甘愿为团队劳心出力的过程中，不断地成长，不断地进步，并总能领先其他人一步取得成功。

实际上，在竞争激烈的职场中，但凡成功的人，往往都是懂得奉献、乐于奉献的人。他们的奉献精神犹如一种竞争力，最后帮助他们一路披荆斩棘，成就一番辉煌的事业。

所以说，我们行走职场，一定要懂得奉献，乐于奉献，多为团队做一些力所能及的事情，如果有团队成员遇到困难，我们务必及时伸出援助的双手。要知道，团队是一个大家庭，我们每一个人都是大家庭中的一员，只有当大家庭发展好，大家庭的每一个成员都好时，我们才可能拥有真正的好。而这一切的实现，都需要依赖我们的不断奉献。

如果把团队的建设比喻成篝火，那奉献就是干柴，我们只有不停地往火堆里添加干柴，篝火才能持续不断地燃烧下去。所以，我们在工作中一定要懂得奉献、乐于奉献，只有这样，我们的团队才能变得越来越强大，我们事业才能发展得越来越好。

在奉献中成长

在实际的工作中，有的人生怕自己在团队中多干了一点活，有的人则想尽办法在工作中偷懒，还有的人甚至干脆当起甩手掌柜，将自己的工作推给别的同事去处理。很显然，这三种人都不是合格的员工，他们根本不懂奉献为何物，自然也无法在奉献中获得迅速的成长，可以说，他们就像团队中的害群之马，迟早会出局。

我们发现，所有优秀的员工，他们身上都有一个共同的特点，那就是善于奉献。他们在各自的岗位上尽心尽力地工作，从来没有半句怨言，不可否认，这种特质让他们在奉献中不断成长，最终蜕变为一位卓越的员工，深受同事的敬爱和领导的赏识。

有一天，宝马汽车公司的一位员工在一家宾馆里休息，他看到宾馆门口放着一辆宝马汽车，然而这辆车非常脏。于是，这位员工毫不犹豫地走过去，将其擦洗干净。

没想到，这位员工的做法不仅让这辆宝马汽车的车主非常感动，而且还获得了宝马公司的高度评价。因为这辆停在宾馆门口光洁闪亮、高贵典雅的宝马汽车，实际上也就是一个实体广告，会让人们对宝马汽车有一个很好的印象。

几年后，这位员工凭借着自己的实干精神，一步一步从基层走到管理层，最后实现了其事业发展的一次重大飞跃。

其实，这位宝马汽车公司的员工，他之所以那么做，根本就没有受到领导的指派，完全是因为他自己善于奉献，渴望在奉献中成长。而上天也终究没有薄待他，最终让他取得了事业上的巨大进步，实现了自己的梦想。

很多人认为，企业是员工实现自己梦想的平台。其实，光有这个平台是远远不够的，如果员工不肯在工作中不断奉献和付出，那这个平台再大再好也是枉然。所以，我们若想让自己变得更加强大，那就必须学会奉献，学会付出，然后在奉献中茁壮成长。

王海研究生毕业后来到了一家外企工作。虽然他的学历高，但他却没有太多的工作经验。因此，经理只是让他负责一些日常性的工作，比如查看应聘邮件、整理资料文件等。

毫无疑问，这样的工作非常简单，同时也很枯燥无味。然而，王海却没有一丝抱怨。他每天都带着好心情和好心态去做自己的工作，而且把所有的工作都完成得非常出色。不仅如此，工作之余，王海还会竭尽全力协助其他同事的工作。

有一次，公司领导让同事张图翻译一些外文资料，打算在第二天的会议上用。但是到了第二天，张图因为某些原因没有完成这项工作。这让经理非常生气，因为会议很快就要开始了。

就在这个时候，王海把自己翻译的资料拿了过来，对经理说道："经理，这些资料是我以前翻译的，麻烦您看一下，不知道能不能用？"经理拿来看了一下，脸色马上就由阴转晴了，他笑着问："你怎么会知道我需要这份资料呢？是谁让你做的呢？"

"没人让我做，我自己要求自己做的……"王海解释道。

就这样，王海翻译的资料让整个会议顺利地完成了。从此，经理十分器重王海。半年之后，王海成了经理的助理。

不难发现，如果王海不是一个善于奉献的人，那么他在进行枯燥、烦琐的工作时，就不会认真去做，更不会在做好自己的本职工作之外，还去做一些分外的工作。而正是因为他在工作中的奉献和付出，领导才会对其刮目相看，并予以重用。

我们都知道，企业不光是一个让我们谋得生存的地方，还是一个让我们不断获得进步，使得我们迅速成长的地方。当然，如果我们自身不够努力,不愿意奉献和付出,那我们势必得不到成长。只有甘愿为团队劳心出力,我们才能在奉献中成长和进步,并最终在事业上取得莫大的成功。

对于我们每一个人来说,在工作中不断奉献,是我们获得成长的最佳途径。相反,离开了奉献,离开了付出,我们也就彻底离开了团队,而离开了团队,我们就算自身能力再强,也没有用。

第八章
团队至上，顾全大局

　　时刻以团队利益为重的员工往往是发展最快的员工，也是企业里最优秀的员工。他们在工作中兢兢业业，时刻不忘自己是团队的一员，一言一行都从团队整体利益出发，为公司创造了巨大的利益。

❈ 把团队利益放在第一位

在一个企业中,不论是一名普通的员工还是一个领导者,如果忘记集体利益而只考虑自己的蝇头小利的话,那么这个企业永远不会有太大的突破。个人利益只有在团队利益实现时才有意义。因此,无论社会上有多少诱惑,我们都应该坚守心中的信念,把团队利益放在首位。

生活中各方利益难免会有冲突,工作中也是如此。当我们的个人利益受到侵犯时,我们会面临抉择。我们会在小我和大我的两面墙中磨合,此时需要我们看清现实,冷静分析。从长远的眼光看,个人利益依赖着企业的利益,如果只顾个人利益就会丧失团队利益,所以我们要以团队利益为重。或者我们逆向思考一下,如果没有了企业利益,我们就面临着失业,何谈个人利益,因此把握好集体利益是我们每个人必须要做的事情。

每一个人都是企业棋盘中的一颗棋子,想下好企业这盘棋,我们需要懂得棋局的奥妙。一颗棋子的胜负不重要,整盘棋赢了才是最重要的。企业的一盘好棋就是企业利益至上，坚持内部服从市场、局部服从全局的标准，为此我们要学会舍弃小我，成就大我。只有牺牲才能有收获。一个懂得这个道理的员工一定是一个聪明人，也一定懂得如何获得一份稳定发展的工作。老板也欣赏着那些为公司利益着想的员工，他们知道这些人是撑起这个公司的顶梁柱。

有时候输了一盘棋往往是因为某一个棋子的失误，所以一个不能将团队利益放在首位的人可能会毁掉一个企业。这个人的位置越高，带来的危害越大，不仅因为他们了解公司的机密，参与公司决策，也因为他们的行为会直接影响企业的形象。

赵陆大学毕业之后就进入一家公司工作。在公司里他能说会道，做事果断。凭借着自己的能力，他很快就晋升为技术部经理。因此，在别人眼里他是一个前途无量的人，是一只潜力股。

有一天，他参加一个朋友组织的聚餐。在饭桌上，他们推杯换盏，很是尽兴。就在赵陆给自己倒酒的时候，一个人突然举着酒杯凑了上来。

"赵经理，我想请您帮个忙。"赵陆被突然的一句话惊吓到，大声地问："什么忙，帮什么忙？"

"一件小事情，你们公司的一个项目，我们现在需要你们的技术资料，你能不能将资料复印一份给我？"

"这可是泄密，这样会让我身败名裂，不行不行！"他回答道。

那人立马说："我知道，但是我们不会让你白帮忙的。"随即他将赵陆带到门外无人处，拿出一张10万元的支票，赵陆看到这张支票心动了，答应了这个请求。

最后的结果是可以预见的，赵陆泄密之举让对方掌握了公司的核心机密，给公司造成了严重损失。东窗事发后，他丢失了工作，还因为违反了保密条款面临着公司的起诉。

不管一个人有多大的才华，只要他不懂得为团队利益着想，终将会被这个团队所抛弃。因为他们的目光从来不会放在合作共赢上，他们只想着自己的利益，忽视了团队的利益，这无疑是团队中的害群之马。

因此，我们每个人都要有自己的职业素养和道德底线，有些违反原则的事情是坚决不能做的。任何时候，我们都要自觉做到为团队的利益着想，将自己的利益置于团队利益之后，不能为了自己短暂的个人利益而牺牲团队的长远利益。

做一个称职的员工，就要做到吃水不忘挖井人，要记住团队培养自己的恩情，绝不可做损害团队利益的事情。有的时候，团队会因为一些特殊情况遭遇困难，此时，我们也应该与团队一心，与团队一起共同渡过这个难关。

优秀员工总是以团队的利益为重，无论何时，都会竭尽全力去维护团队的整体利益。维护团队的利益是一个员工应该恪守的基本职业道德，也是员工发展的重要基础。

团结力量 团队精神

✵ 要有顾全大局的视野

每个职业都有它的职业道德。不论老板还是员工，这个基本道德的要求是一样的，那就是维护集体利益，顾全大局。优秀的人懂得顾全大局，他们以团队利益为重，他们会用自己全部的力量坚守他们的职业道德。

一个企业更看重以团队利益为重的员工。一个人能力不足，可以慢慢锻炼和培养，但道德方面的缺陷是很难弥补的。

某建筑公司常常经常要参加招标会议。在一次有名的招标会上，约翰代表他的公司参加投标。休息的时候，约翰被对手公司的负责人拉去一起喝咖啡。喝咖啡期间，他们聊着家常，突然对方公司负责人说："我们公司跟你们这次竞争肯定会失败，因为你们公司的实力比我们强，但我们也不是没希望，只要你把你们公司的标底告诉我，我们公司还是有机会逆转的。"

约翰瞪大眼睛看着那个人说："你是想让我泄密？"

"是的。情况就是这样，我们是朋友，我不会让你吃亏的。这件事就只有你我知道。你们公司老板绝对不会知道，而且就算他们知道了，你失去了工作，你也可以来我们公司工作，我们公司也需要你这样的人才。"然后对方偷偷拿出了一张20万美元的支票递给他。

面对金钱的诱惑，约翰犹豫了，最后他禁受不住诱惑，告诉了对方自己公司的标底。

最后在招标会上，约翰的公司败北。事后，老板调查出是由于约翰泄密才导致公司投标失败。老板立即开除了他，并要求约翰赔偿公司的损失。约翰此时仍然不以为然，他想起之前对方的承诺，竟然真去那家贿赂他的公司面试，但最后他却被无情地拒绝了。对方面试官告诉他，对于一个为了个人利益而出卖公司的人，他们是不会聘用的。

懂得顾全大局的人是能够给整个团队带来利益的。站在国家的角度来说，那些懂得顾全大局的人甚至能够给全体国民造福。凡是向荒原进军的队伍，无一不面临着义利的选择和考验。

几十年前，当第一批拓荒者踏上北大荒时，那里没有房屋，没有道路，没有必需的生产工具，甚至没有工资和福利待遇。在物质条件极端匮乏的情况下，人们不得不实行较为原始的平均主义的供给方式，官兵一致、上下一致、同心同德、共渡难关，他们以民族振兴的大局为重，以到最艰苦的地方工作为荣，表现出共产党人先公后私的高尚情操。

团结力量 团队精神

1954年10月,中央决定农建二师集体就地转业,而这时,正是国家实行军衔制的前夕。连年征战,曾立下汗马功劳的官兵们,本来可以通过授衔获得较高的工资待遇,但是他们服从了大局,8300名官兵继续默默耕耘,奋力创业。

那个同甘共苦的年代培养了北大荒人不计个人得失的坦荡胸怀。北大荒人还明白了顾全大局要稳定局部的道理,垦区十分注重经济的整体发展。

在北大荒人的心目中,国家下达的指示和任务是神圣的,作为新中国全局的一个部分,他们有服从全局的责任。

从北大荒人的故事中我们可以学到顾全大局的无私精神,而我们也应当在团队中积极要求自己做到顾全大局。

首先,我们要学习自我牺牲、不怕困难、勇往直前的精神。北大荒团队都始终坚守一种"无私奉献"的坚强信念。在我们日常的平凡工作岗位上,也要甘于奉献,我们应以优秀员工的标准严格要求自己,发挥表率作用,带头弘扬正气,无私奉献,充分发扬"奉献、友爱、互助、进步"的精神。

其次,学习敢于吃苦的精神。在工作中不怕吃苦,遇到困难决不向困难低头。

最后,学习持之以恒的工作态度,培养自己高度的责任感。在团队的每个工作岗位上,我们都必须要有高度的责任感,遇到突发事件,要做到不推卸责任,敢于站出来承担责任并妥善解决。

作为员工不能忘记自己的角色,要始终把公司的利益放在首位。

要时刻顾全大局，能够做到牺牲自己的利益来保全团队的利益。同时，我们也要为公司争取利益，而不是让公司来满足你的个人利益。因为只有公司发展了，你才能发展；只有公司成功了，你才能成功。

❈ 节约的成本都是利润

企业是以盈利为目的的，所以管理者会想尽一切办法节约开支，降低成本。而我们身为企业的一员，自然也要竭尽全力地为企业节约开支，毕竟这是一件有益于双方的好事。

关于为企业节约开支，有这样两个小故事。

故事一：

约伯的第一份工作就是记账员。在公司当记账员成了他以后事业发展的基础。他本人不仅把记账的工作做得井然有序，而且多次查出账目问题。他非常勤奋，深得老板的赏识。

约伯努力把公司的每笔钱都花在其价值能提升中好几倍的地方，为公司节省了大量不必要的开支。后来，他成为这家公司的财务总监。

故事二：

某企业财务部的出纳为了节约成本，决定将报销单改成正反面使用，这样就能节省很多纸张，而且要求一次性填写，如果写错就不能报销。这种方法消除了浪费的习惯，一年下来，这项举措总共为公司节省了5万元。

在现代职场当中，有些人只顾着自己的利益，挥霍着公司的资源，最后不仅让公司蒙受了损失，还让自己养成了不良的习惯。其实，如果换一种角度来看，把自己当成主人翁对待工作，节约公司的资源，把每一分钱都花得有价值。长期下来，我们最终收获的肯定比自己贪的那些小便宜要多。

福海油脂公司有一个非常经典的故事。

有一个车间主任叫薛城，他负责维修公司车间的设备，凭着多年的工作经验和认真的工作态度，薛城得到了很多人的好评。而更难能可贵的是，他为人十分节俭，在平时的工作中，他从不会浪费任何材料，总是努力为公司节约成本。

在办公室的后面的杂物间有一些旧设备和配件，那里堆弃着大量的废铁。薛城却对这些物品特别痴迷，不论刮风下雨，不论日晒雨淋，只要他一有时间就会拿着他的测试工具到杂物间，看到有合适的配件就卸下来，就是这些废铁为公司省下了很多经费。

后来薛城成为福海油脂的高级管理人员。

节约意识能让一个人变得与众不同，只要你养成这样的习惯，终有一天你会成为大家尊重的人。而那些充分考虑团队利益的员工通常都有节约意识，他们从细微处为公司节约，为公司减少不必要的开支，降低公司的运营成本，他们也因此更受老板的青睐。

其实，节约成本并不难。节约成本就是生产人员严格按生产标准用料，注意保管好生产物料，收拾好边角废料，生产时集中精神严格按工艺要求操作，降低废品、次品的发生率，少出废品、次品，合理利用原材料、边角料、呆滞料，减少仓库物料积压。办公人员上班时做事认真一点少出错，少做重复性的无用功，管好、用好办公用品，不浪费、不遗失，不需用或可用可不用的物品不申请，以免造成物品积压或不实用，人离开时，随手关灯、断电、关水、关电脑，多动脑、多学习、多创新，提高工作效率，节约人力成本，自己能做的事自己做，今天能做完的事不要拖至明天，上班时间少说一些闲话、多干点实事，跟他人交谈时语言简明扼要，自己能解决的问题别往上推，跟领导汇报抓住重点。使用公物时，一定要爱惜公物，比如，坐在椅上别摇摇摆摆，使用键盘别用力过猛，借出去的物品注意收回，参加培训认真学习，积极参与公司活动，想方设法提高工艺水平，提高生产率，提高产品质量，降低材料采购价格，合理定员定岗，提高销售额，降低销售成本等。只要我们做到了这些，都直接或间接地为公司节约了成本，何乐而不为呢？每个人一天节约几元钱，整个公司可能就是成百上千元，而节约几元钱的行动很简单——就是你做到了众多节约成本项目中的一条。

公司的利益与全体员工的利益是直接相关的，公司好了，员工的发展才会更好。因此，希望大家为了公司、为了自己，做好成本节约，为公司和团队创造最大的效益。

员工要养成为公司节约每一分钱的习惯。一名员工，每做一项工作之前都要想一想，怎样才能为企业多节约成本。只有把这种节约意识深入工作中，我们企业的最低成本目标才能实现。

自觉维护企业的荣誉

松下集团原总裁松下幸之助曾经说过："一个在任何地方任何时间都想着维护企业形象的人，很可能会成为下一任企业领导者。"

良好的企业形象是一种财富，具有巨大的吸引力。我们知道，许多名牌企业、名牌商品的无形资产是难以估价的，它远远超过了其本身的价值，他们在社会生活和生产竞争中占有明显的优势。一个企业良好的组织形象，可以为它的产品消费者创造充足的消费信心，可以帮助企业吸引社会资金，找到可靠的原材料供应渠道和满意的合作伙伴。

良好的企业形象是一笔巨大的无形资产，一个公司拥有良好的企业形象，不仅可以得到社会公众的信赖，而且能激励企业内部员工的士气，并形成良好的工作氛围。

在树立企业形象上，员工也有责任，除了要在日常工作中自觉关注自己的仪表形象，注意对来访顾客文明用语，按规章制度穿制服上班等，更要以自己的实际行动去宣传企业。

公司荣誉为先，只有公司有了荣誉自己才会有更高的荣誉。一个只注重个人荣誉的人终将会被这个社会淘汰。所以，员工应站在更高的角度关心企业的发展，要有顾全大局、服从全局的思想，将企业荣誉放在第一位，追求整体效应。

一个成熟的员工必须具备集体荣誉感，并且努力使这种自觉成为习惯，在日常工作中自觉维护集体的声誉。比如拨打和接听电话时，即使老板不在你身边，也应该注意语气，体现出你的素质与水平，展示企业的良好形象。微笑着平心静气地接打电话，会令对方感到温暖亲切，不要认为对方看不到自己的表情。其实，你打电话的语调中已经传递出是否友好、礼貌、尊重他人等信息了。也许正是因为你不经意的冷淡和鲁莽，吓走了一个潜在的客户，使企业利益遭受不必要的损失。

卡特是某知名饮料公司的营销经理。他MBA毕业后，来到一家公司，从一名普通职员干起。如今，他已经做到了部门经理的位置，成为公司最出色的员工之一。卡特非常喜欢现在的工作，因为这份工作充满了创新与挑战，更因为公司环境氛围好，使他在这里工作很快活，感觉就像在家里一样。

时间如白驹过隙，10年的时光一转眼就过去了。

10年后的某个周末，卡特终于可以闲下来了，他陪妻子去逛超市。

妻子每次逛超市，都要满载而归才能尽兴，而他只能跟在后面推着购物车。逛着逛着，卡特看见自己公司销售的饮料品种齐全，顾客众多，摆在卖场最显眼的位置，这使他心里涌出一种自豪感。

突然，卡特发现，一箱饮料的商标上有一道非常刺眼的划痕，看起来很不舒服，很显然是卖场员工在搬运时划的。他将这箱饮料挪到其他饮料的后面，但转念一想，前面的饮料卖完后，它又会露出来，依然会被顾客看到。想到这里，他干脆把这箱饮料放到购物车上，自掏腰包买回家去。

妻子发现后，问卡特："家里已经有足够多的饮料了（每月公司都会给员工发饮料），为什么还要买它呢？"卡特指着商标上那道划痕说："这是我们的脸，脸上有污痕，会给别人留下不好的印象！"

我们从这个例子中看到的是一个热爱工作、热爱公司的优秀员工，一个把团队荣誉与自我形象紧紧联系在一起的优秀员工。

随着社会的发展，各个领域不断被细分，人与人之间的交流日益增多，社会已经成为一个相互交错的网，相互依存。当今社会，每个美好的事物背后都有他人的力量，荣誉也是这样。每个人一生都会取得一些荣誉，每一个荣誉背后都有很多人的支持和陪伴，它是团队智慧的结晶。一个人的荣誉体现着团队荣誉，而团队荣誉是个人荣誉的基础和归宿。

团队荣誉会激励一个人能够认真对待工作，抛弃一切借口，并且规避一切不利于公司的行为。为了集体荣誉，我们会更好地与团队其他成员合作，共同融入集体。可以说，荣誉感是一个团队的灵魂。

第八章 团队至上，顾全大局

❋ 要有全局观

　　不论是一个企业，还是一个人，想要持续发展，在激烈的市场竞争中生存下来，就一定要有长远的全局意识。一个企业需要员工能够全心与企业共同进退。因为一个企业的成功不仅是管理层努力的结果，更是企业每个员工共同奋斗的结果。所以，公司选人用人的时候就很重视员工的全局意识。在我们选择一家企业并成为它的员工时，就意味着我们站在企业这艘船上，这艘船的命运将我们的命运紧密地联系在一起。如果我们真想让自己过得更好，让自己更有价值，那么我们就得努力工作，让公司变得更有价值。

　　员工要懂得与企业共荣辱。很多人认为，为企业创造价值和财富是员工最神圣的事，然而其实与企业共荣辱才是最神圣的事。即使你创造了巨大财富，没有与企业同呼吸共命运的意识，终有一天也会为了自己的利益损害公司的利益。"共荣辱"就要求我们在工作中认真负责，这样我们也会为了公司更好地发展，树立全局意识。

　　全局观念是指一切从系统整体及其全过程出发看问题的思想和

准则，是调节系统内部个人和组织、组织和组织、上级和下级、局部和整体、短期和长期之间关系的行为规范。

所谓全局，是事物诸要素相互联系、相互作用的整个发展过程和各个方面。从空间上说具有广泛性，是关于整体的问题；从时间上说具有延续性，是关于未来的问题。

具有全局观念的人，会从组织整体和长期发展的角度，考虑问题、进行决策、开展工作，保证组织的健康发展。全局观念，就是一种战略眼光。

某家公司里有一个公正的年轻员工叫杰梅因，公司的老板庞加莱仅仅比杰梅因大三岁。虽然仅仅大了三岁，但庞加莱却非常优秀，把公司经营得很好，而且为人亲切和蔼。杰梅因的工作就是帮老板拓展客户，因为杰梅因在谈判过程中表现得非常冷静和温和，让很多客户都十分喜欢他。

故事从杰梅因刚进入公司的时候说起。那时候公司一切工作运行正常，杰梅因工作干劲十足，工作起来很顺畅。公司也接了一个很大的单子，需要在每条街道制作广告牌。他们的工作量是惊人的，按全市2000多个街道计算，每个街道就要20多个广告牌。员工们满是期待地盼望着这个项目能够给公司带来的巨大的收益。

等到年底发工资的那一天，老板庞加告诉所有员工："公司之前接的那个大单子在准备阶段就投资几百万元，导致目前公司资金过于紧张。所以，我决定将年终奖金与工资在年后发给大家，请大家能够谅解一下。工资早晚都是你们的，只要我们齐心协力将这个项目做好，到时候大家一起来共享利润。"

听到老板的话，所有的员工都表示理解和支持。

转眼间半年过去，老板的承诺还没有兑现。此时，更糟糕的情况出现了，因为后续施工流程耗时太长，公司的资金已耗得一干二净，等到施工结束时，公司已经无法维持正常的运转了。

此时，杰梅因看在眼里，急在心上。他有了一个非常大胆的想法——向全体员工集资，共同渡过难关。他把这个想法向老板说了出来。老板听了之后，微微一笑，羞愧地拍着他的肩膀说："员工集资能筹到多少钱啊？何况员工的工资还没有给大家发放下去呢，我怎么好意思在这个时候向大家集资呢？"

事实证明，杰梅因的想法的确有些不切实际，因为当大家慢慢了解到公司的真实处境后，都很担忧自己的前程，哪有心思自掏腰包帮助公司渡过难关呢？最后，很多人纷纷向老板递交了辞呈，并且向老板讨要工资。

但是，有一个人没有那样做，他就是杰梅因。他觉得这是一个危机，危机之后就是机会，他仍然坚持自己的信念，努力地工作着，因为他觉得作为一名员工要有全局意识，不能因为一点困难就只顾自己的利益，更不能让之前那么多的努力都白白浪费。于是，他积极筹钱，努力挽留其他同事。

通过不懈努力，公司最终完成了这个项目，并因此取得了巨大收益和良好信誉。

只有具有全局意识的人才能让企业感到安全，他们的眼光会让企业觉得他们是最值得依赖的员工。企业只要有这样的人才，就能战胜一切困难，走出困境。

我们在任何时候都需要培养自己的全局意识，不要被眼前局部的困难所迷惑。一定要时刻为全局利益着想，这样的员工能够为企业创造出巨大的财富，也能够让自己的事业得到发展。

在团队中工作，我们一定要培养全局意识，绝对不能目光短浅，而是要意识到，自己和团队的命运是紧密相连的，只有团队变得强大了，我们才能获得成功！